ROBERT 1987

L. K. 1582

LES
ANTIQVITEZ,
RARETEZ, PLANTES, MINERAVX,
& autres choses considerables de la Ville, &
Comté de Castres d'Albigeois, & des lieux
qui sont à ses environs, auec l'Histoire de
ses Comtes, Euesques, &c.

Et Vn recueil des Inscriptions Romaines, & autres
antiquitez du Languedoc, & Prouence.

Auec le Roolle des principaux Cabinets, & autres
raretez de l'Europe.

Comme aussi le Catalogue des choses rares de Maistre
PIERRE BOREL, Docteur en Medecine
Autheur de ce Liure.

A CASTRES,
Par ARNAVD COLOMIEZ, Imprimeur du
Roy, & de la Ville, 1649.

A MONSIEVR

Me. GVILLAVME DE MASNAV, Seigneur de Bousignac, &c. Et Conseiller du Roy en la grand Chambre de P...lement de Tolose.

MONSIEVR,

Si mon esprit se fut senti capable de vous donner des loüanges, egales à vostre merite, il n'auroit point choisi d'autre suiet, puis qu'il n'en pouuoit trouuer de plus noble, ny de plus digne de son occupation, mais recognoissant qu'il ne pouuoit entreprendre vn si haut ouurage sans temerité, & sans deroger à ce grand merite qui vous fait considerer dans le Parlement. Velut inter ignes,

Luna minores. *Il s'en est absenté*

Et apres tout, cette grande connoissance que vous auez de toutes les belles choses, & la reputation que vous vous estez acquise en cette dignité que vous exercez auiourd'huy, auec autant de gloire que d'equité, ne sont elles pas plus que suffisantes, pour ne laisser iamais effacer vostre memoire, & vostre merite estant logé dans celle de tant d'hommes que la France a produits, n'est-il pas graué dans le plus fort Airain de la terre. Ayant fait ces reflections, & sur vous (MONSIEVR) & sur moy mesme, i'ay choisi vne occupation moins inégale aux forces de mõ esprit, & me suis employé à descrire les loüanges de ma patrie, mais en mesme temps, i'ay voulu que celle qui vous à tant d'obligations se vint presenter à vos pieds pour implorer vostre protection en cette rencontre.

Voicy doncques (MONSIEVR) celle qui se glorifiant d'estre dans vostre affection, vous demande vne seconde naissance, ie veux dire, la Ville de Castres, qui ose esperer que vous prendrez sous vostre sauuegarde ce petit discours, que les antiquitez, & raretez dont elle est ornée, & vn iuste ressentiment contre ceux qui t'ont laissée en oubly, m'ont obligé de composer, cette foible production de mon esprit: se sentira assez forte, contre toutes les attaques des enuieux qui s'efforceront de ternir sa gloire, lors que ce sera sous vostre nõ qu'elle paroistra en public, ce grand nombre de vertus qui éclatent egalement en vous, ont fait qu'elle vous a choisi, comme son Dieu tutelaire, & le lustre qu'elle a receu de vostre justice, luy a fait estimer qu'elle n'en devoit puiser à l'aduenir qu'en vostre source. C'est (MONSIEVR) ce qu'elle desire de vous, & c'est ce que vostre bonté insigne, fait que s'ose prometre.

MONSIEVR,

Vostre tres-humble, & tres-obeissant serviteur.

PIERRE BOREL.

AV LECTEVR.

LA pluspart des hommes ont accoustumé de se rendre plus sçauans des païs estrangers, que de leur propre patrie, mesprisans mesme ce qui s'y trouue de remarquable, contre l'aduis des plus sages, & particulierement du Philosophe Platon lors qu'il dit, que chacun deuroit auoir la curiosité de sçauoir l'origine de son païs, & ce qui y est arriué de plus digne de consideration. Cest-ce qui m'a fait composer ce petit Liure, & mesmes esperer qu'il te seroit agreable, puis que les memoires, des antiquitez de ce pays s'y trouuent exactement rapportées, & que d'ailleurs i'y adiouste beaucoup d'inscriptions anciennes, dont les plus sçauans pourront tirer quelque vtilité pour l'intelligence des bons Autheurs. I'y mesle aussi plusieurs proprietez des plantes & autres choses naturelles, qui ne seront pas peu vtiles aux curieux. Ie suis marry seulement, de ce que les memoires qu'on m'a donnez pendant l'impression, m'ayent obligé à parler en diuers lieux d'vne mesme chose, mais par la table des Chapitres on pourra tout trouuer & suppléer à ce deffaut, si tu me trouues trop concis, & te plains de m'a briefueté. Ie t'aduoüeray que ie me suis estudié à estre court, pour des raisons particulieres, quoy que i'eusse des memoires pour faire vn gros volume, mais dans la seconde impression que i'espere de te donner, ie m'estendray plus au long & auec plus d'ordre. Cependant reçois ce petit abregé, & ne considere pas tant sa petitesse, que la curiosité, & l'abondance de ses recherches qui y ont esté ramassées auec beaucoup de soin. Et si tu toures estrange qu'vn Medecin se soit occupé à ce trauail, sçache que Cardan, Goropius Becanus & Achillés Gassarus, Medecins tres-celebres, ont fait autant pour Milan, Anuers, & Augsbourg Villes de leur naissance, ne me blasme donc point si i'ay employé quelques heures de loisir à ce trauail, que ie n'ay mesmes pris que comme vn diuertissement, apres vn estude plus serieux en la Medecine, que ie t'ay d'estimé depuis long-temps. Ayant aussi esgard que ça esté plus pour l'vtilité publique que pour la mienne, que i'ay mis la main à ce petit traicté, & si ie suis si mal-heureux de n'y auoir point reüssi selon ton souhait, accuse le temps d'iniustice de ce qu'il a fait perdre les memoires de ce pays, ou accuse de negligence, les hommes qui nous ont precedé, & cesse de te plaindre de celuy qui n'a trauaillé que pour te plaire. Adieu.

Fautes suruenuës en l'impression du Liure premier.

Page 14. l. 30. & de la, à la susdite, lis. & de la, il s'en alla à sa suite p. 4. l. 9. Castres & Piedmont fut, lis, Castres, & Piedmont. Seig. de Ieuze, Montagu, & Condé en Hainaut p. 46. sur la fin, à predeceder, il fut, lis, à predeceder, son Lieutenant general dans Castres pendant son absence, estoit Iean sieur de Chasteau Morant p. 48. l. 13. du Chap. 9. apres ces mots, & de Castres, lis, Comte de la Marche, & Leuze, Condé, Montagu, & Combraille.

Du Liure second.

Page 6 l. 5. Vigerui, lis, Viguier en quelques exemplaires il manque la premiere ligne de la page 9. pour laquelle il faut mettre ces mots, fort remarquables, il reste maintenant à sçauoir que. p. 15. l. 10. pour 1361. lis, 1361. p. 16. l. 11. pour Brisson, lis de Bris p. 20. l. 12. apres ces mots, Mr. de Paul de Iuges, lis, qui mourut l'an 1626. en Ianuier. p. 21. l. 4. Seigneur du Bez, lis, Baron de Fregeuille, & seigneur du Bez p. 22. mets de Laeger auant Mr. d'Escorbiac, & Mr. Claude de Landaud auant Mr. de Brugeres. p. 26. l. 6. la Manhama, lis, la Machaia. la l. 12. & 13. doiuent estre rayées, p. 28. & 40. haut Languedoc, lis, bas & à la l. 4. Marquisat, lis, Comté p. 59. l. 7. 1559. lis, 1559. p. 69. l. 16. lis, Isidobre est composé d'vn mot Latin & d'vn grec signifians, pluye celeste.

In Musæum Petri Borelli D. Medici, Castrensis.

INdus, Arabs, Maurus, Gallus, Germanus, Iberus
   Atque omnis proprias gens tibi fundit opes.
Hic Lapides, Conchas, Animalia, semina, Gemas,
   Et quodcumque, audax ars bene fingit opus.
Conspiciunt oculi, & mirantur singula, verum
   Nondum Promis opes, docte Borelle, tuas.
Rem miram ostende, & quam mirabimur vnam
   Ostende ingenij lumina magna tui.

                            R. G. P. E. C.

Iacobi Vilarii, I. V. D. in opera, & Musæum, D. Borelli Medicinæ Doctoris.

Carmen Heroicum.

IAm prodite, diu exoptata volumina, docti
  Borelli, & Volcis æternos addite honores,
Audebis-ne stilo tenui celebrare Ceuenna,
O Musa, ingenij tanti miracula, opesque
Musæi eximias? quas Musæ & Diuus Apollo
In parnassi aditis cupiant seruare, Magister
Si videat Cous, vel si hæc Asclepius, ambo
Vt vidi, obstupui, exclament, nam quidquid Eois.
Occiduisue Indis, gemino aut transuexit ab orbe

E

Nauita, Borellus collegit, & ordine miro
Dispofuit, nummos priscos, vrnasque Quiritum,
Signa quoque Heroû, magnorumque ossa gigantû
Omnigenas gemmas, & singula pharmaca, odore.
Plantas, & volucres, & quos sub gurgite vasto
Oceanus pisces alit,& genus omne ferarum,
Quas iuxta Nili fontes, syluasque noui orbis
Mactant hispani, aut imis quæcumque fodinis
Mancipia auellunt, horrendo addicta labori,
Balsama quæque fluunt antris, hic cernere fas e
Deinde quibus morbis curandis,singula prosint
Borellus Callet, multosque è faucibus Orci
Eripuit, superasque iterum reuocauit ad auras.
An memorem è variis decerpta volumina libris
Quæ in scriniis vigili congessit sedulus arte
Borellus, solitus longo indulgere labori
Nocte dieque indefessus, virtutis amore
Dum flagrat,& patriæ inquirit monumēta vetusta
Hostibus & variis olim quæsita trophæa, [gno)
Obsequia & prisca in Reges (genus Hectore ma-
O quem te memorem! primo qui in flore iuuentæ)
Tantos exantlas, Borelle ò magne, labores.
Quos dum luminibus miror, manibusque retracto
Fictum aliquid, spectrumue puto. Te secla futura
Suspicient, veniensque ætas tibi Thure litabit,
Nomenque egregium connexa ad sydera tollet.

Ad Dominum Borellum Doctorem Medicum de
suo Antiquitatum Castrensium libro.

Est aliquid patriam ferro defendere, & aras
A flammis puro non læsas sanguine, natis

Liquisse, ereptique iugo, seruasse penates.
Hoc multi. Nam dulce patrum est ante ora cadend)
Surgere, & æternam sibi funere quærere vitam.
Ast patriæ lucem ereptam dare, sacraque solers
Restituisse patrum monumenta, laresque sepultos,
Quos dudum Libitina ferox, & iniqua vetustas
Merserat arcanis, nostro quæ incognita seclo;
Atque illis aras struxisse, & pegmata, nullo
Quæ cessura rogo, labor hic non paruus, at ingens.
Ingens ergo tibi debetur gloria, talem
Nec meruisse potest Phedræ qui fraudibus olim
Extinctum ad vitam succis Heroa reduxit.

  Michaël Seueracus. In supremo Tectosagum
    Senatu, patronus.

A Monsieur Borel, sur son Liure des antiquitez &
    raretez de Castres.

Qve ta Ville ait cent merueilles
Que ses nobles raretez
Donnent à tes doctes veilles,
Vn suiet plein de beautez,
Que brauant les destinées
Elle ait duré tant d'annees,
Borel, ie l'admire bien,
Mais i'admire d'auantage,
Qu'elle ait produit en nostre aage,
Vn esprit tel que le tien.

        P. P. A.

A Monsieur Borel Medecin, sur son Histoire
de Castres,

SONNET.

BOrel, à peine puis ie croire,
Que parmy tant de bons esprits,
Que iadis Castres à produits,
Dont nous cherissons la memoire,
Aucun d'eux n'ayt escrit l'Histoire,
Des habitans de ce pays,
Et que pour l'auoir entrepris
Toy seul en merites la gloire.
Mais puis qu'il ne se trouue point,
Qu'aucun ayt iusques à ce point,
Porté l'honneur de sa patrie,
Tu deuois bien faire vn effort,
Pour tirer des bras de la mort,
Celle qui ta donné la vie.

I. B. M.

In laudem, libri Antiquitatum Castrensium, Petri Borelli Medici, & in Anagramma suum.

TV LEPOR ES VRBIS.

ABdita du reseras Patriæ Monumenta, Borelle
Et sis præsidium dulce, decusque suum,
Gestit terra parens, tantoque superbit alumno,

Gaudet teque suis annumerare viris.
Non tamen expectes vt par tibi reddere possit
   Pro meritis pignus & trutinare suis.
Quamuis enim gemmas aurique talenta referrent
   Talia nunc per te quod dare possit, habet.
Non etiam meritos tibi reddere posset honores.
   Nam decus illius muneris omne tui est.
Præmia digna tui, non te quæsiueris extra
   Sufficiunt famæ nomina magna tuæ.
Nomina magna geris, meritæque insignia famæ
   Nam lepor es vrbis, iuxta Anagramma tuum.
Sic quoque tu, tanti mensuram nominis imples,
   Et decoras vrbem, docte Borelle tuam.
Per te Castrorum semper Monumenta manebunt
   Et sic perpetuò TV LEPOR VRBIS. E ri S,

          Petrus Causseus, SS
          Theologiæ Candidatus.

A *Monsieur Borel, Medecin, sur son Liure de Castres,*
   & sur son Anagramme.

      Bele prerie d'or.

TV nous descris Castres si beau
Que ce luy est de l'aduantage,
D'auoir esté dans le tombeau
Puis qu'il reuit dans ton ouurage.
Ton artiste & hardy pinceau,
En fait vne telle peinture,
Que tu nous le rends le plus beau
De tous les lieux de la nature.

Ainsi par ton illustre effort
Son malheur est digne d'enuie,
Et tu sçais mesme de sa mort,
Tirer vne plus belle vie.

Ton Art profitable aux humains,
Promet de semblables merueilles,
Et tu la donnes par tes mains
Comme par tes sçauantes veilles.

Mais que tes efforts semblent vains,
Pour rompre, tant & tant d'obstacles,
Et qu'il faut d'efforts plus qu'humains,
Pour produire de tels miracles.

Bons Dieux! resusciter vn mort
Donner vne vie à sa mere,
Forcer la cruauté du sort,
Comment cela se peut-il faire?

Ha! si ton prophetique nom,
Ne nous l'auoit rendu croyable,
Nous dementirions ton renom,
Et le prendrions pour vne fable.

Ce beau nom ne promet pas moins,
Que mille belles descouuertes,
Et prophetise que tes soins,
Vn iour repareront ses pertes.

Quand ton trauail industrieux,
Nous descouurira mille choses,
Que le destin iniurieux,
Dans ce nom detenoit encloses.

Puis qu'il contenoit les beautez,
Que Castres à dans ses preries,
Et ce qu'il à de raretez,
Dedans ses campagnes fleuries.

Maintenant le Ciel à permis,

Que tout cela vint à paroistre
Comme il nous auoit tant promis,
Et que ton nom sembloit promettre.
 Car tu nous fais voir vn thresor,
Auec vne chose si belle,
Que ton Anagramme t'appelle,
Auec grande raison. BELE PRERIE D'OR.

   Par Pierre Caussé, de S. Antonin,
    estudiant en Theologie.

A Monsieur Borel, Medecin, sur ses Antiquitez de Castres.

CHER Borel tes sçauans escrits
Au jugement des bons esprits
Sont estimez autant d'oracles,
Et sont si rares & si beaux,
Qu'ils font tous les iours des miracles
ostant les hommes des tombeaux.
 Ny Virgile, ny ciceron,
Ny tous ceux que le vieux Charon
A jadis passé dans sa barque,
N'ont rien d'egal a ton sçauoir,
Puis que tu mestrises la parque,
Et la renges à son deuoir.

     VOISIN.

Table des Chapitres du premier Livre.

CHAPITRE 1. des diuerses nations qui ont occupé le pays ou est Castres, pag.1.

Chap. 2. de l'ancienneté, fondation, & situation de la ville de Castres, 15

Chap. 3. des noms de Castres, & de villegoudon, & de leur origine 19.

Chap. 4. des armoiries de la ville de Castres, & de leur origine, 23.

Chap. 5. de l'ancienne Abbaye, & Abbez de Castres de leur sceau, & des freres Clathrez, qui y estoient, 24.

Chap. 6. des Seigneurs, & Comtes de Castres, auec leur Histoire, Genealogique & Epitaphes, & premierement de la tres-illustre & ancienne famille des Monforts. 29

Chap. 7. de la seconde branche, à sçauoir de l maison de Vendosme, 38.

Chap. 8 de la 3. branche, à sçauoir de la maison d Bourbon. 41.

Ch. 9. de la branche, de la maison d'Armagnac. 48

Ch. 10. de la 5. & derniere branche, à sçauoir de la maison de Iuges, 50.

Ch. 11. des blasons des Seigneurs & Comtes de Castres, & des maisons qui leur sont alliées. 5·

Ch. 12. des Euesques de Castres. 55.

Chap. 13. des gouuerneurs de Castres. 61.

Chap. 14. de l'estat auquel est à ptesent la ville de Castres, 63

LES ANTIQVITEZ,
RARETEZ, PLANTES, MINERAVX,
& autres choses considerables de la Ville & Comté de Castres d'Albigeois, & des lieux qui sont aux enuirons auec l'Histoire de ses Comtes, Euesques, &c.

LIVRE PREMIER.
Des diuerses nations qui ont occupé le pays ou est Castres.
CHAPITRE I.

SI l'esprit de l'homme se plaist à voir les choses presentes, & à preuoir celles qui sont à venir, il ne se plaist pas moins à lire celles qui sont passées, dans les Liures que les Historiens en laissent. Car c'est par ce moyen que comme vn petit Dieu il se rend present à toutes les nations, & à tous les siecles. C'est aussi la raison pour laquelle ie m'efforceray de representer briefuement en ce premier Chapitre, les choses passées en ce païs, & en toute la Prouince, depuis vne longue suite d'années, car ayant à traitter de Castres en particulier, la raison persuade assez, qu'il faut toucher quelque chose du Languedoc, afin de donner par ce moyen quelques lumieres aux obscuritez de l'antiquité que nous deuons esclaircir, & qu'on aye

A

le plaisir de sçauoir qu'elles nations ont occupé la terre que nous habitons, ce que i'ay rāgé au meilleur ordre qu'il m'a esté possible, ayant ramassé auec soin tant des Liures que des manuscrits, & actes anciens, les memoires que ie consacre au public, & particulierement aux habitans de Castres ausquels i'estime que ces Histoires seront de tant plus agreables, qu'elles se sont passées en la partie de Languedoc ou leur Ville est située.

Car si chaque particulier est bien aise de sçauoir sa genealogie, ie ne doute point que les habitans de Castres ne soient aises de sçauoir les antiquitez de leur Ville, & ne me soient obligez de ce que ie suis le premier qui entreprens à redonner la naissance à leur patrie, dont la negligence des Historiens auoient laissé presque estouffer la memoire.

Il est necessaire de sçauoir que le Languedoc a eu diuers noms, selon qu'il a changé de Seigneurs. Car il a esté nommé premierement, *Gaule Narbonoise & pays des Volsques & Tectosages*, puis les Romains l'appelerent *Gallia braccata & septimanie*, à cause qu'ils le diuisoient en sept parties, ou à cause de la septiesme legion qui y habita, & apres ayant esté tenu par les Goths, il a esté appellé, *Occitania patria lingua Occitana*, *Prouincia sancti AEgidii* (par ce que le siege de leur premier Roy fut à S. Giles) *Gothie, Lantgoth ou Gothtlant*, c'est à dire terre des Goths, car ce mot *Lant* signifie terre, parmy les peuples Septentrionaux, de la vient *Irlande, Zelande, Frislande & autres*. Et puis les Goths en ayans esté chassez, il fut dit selon *Ioinuille, pays de la langue torte, pays de la langue de oc*, c'est à dire, *ouy, & Gaule gothique*.

Nous n'irons point rechercher les antiquitez de ce païs depuis Noé, comme ont fait les autres qui ont composé de Liures touchant leurs Villes, mais laissans ces origines fabuleuses, nous commencerons par les Romains qui conquirent ce païs sur les Volsques & Tectosages habitans la Gaule Naronoise selon Strabon, & ce fut lors qu'elle receut le nom de *Gallia Braccata*, parce qu'ils portoient de brayes & non de robes comme les Romains, ce fut sous la conduite de *Fuluius Sextius & de Fabius Maximus* qu'ils s'en rendirent maistres, & ce fut en ce mesme temps, selon Orose, Strabon & Aulegelle, que *Quintus Cæpio* Consul Romain, qui cent deux ans auant Iesus-Christ estoit Gouuerneur de la Gaule Narbonoise, du temps de sa guerre contre les Cimbres & Teuthons vainquit les *Tholostoboges habitans de Tolose*, & emporta ce fameux or qui de mesme que le Cheual Seian, nuisoit à tous ses possesseurs, l'ayant tiré suiuant Munster d'vn lieu qui estoit sacré à sçauoir d'vn Temple (qui selon Bertrand en son Histoire de Tolose) estoit de Iupiter & est à present dit la Daurade, ou comme Dupleix & autres ont dit, du Temple d'Apollon qui à present est à S. Saturnin ou S. Sernin, auquel on void encore vne ample & vaste caue, qui estoit iadis vn lac, dans lequel les *Tectosages* peuple issu de Volsques (comme rapporte Strabon) l'auoient ietté, Car selon *Iustin*, apres qu'ils eurent pillé le Temple de Delphes, ils furent vexez d'vne grande peste, & les deuins qu'ils consulterent pour en sçauoir la cause, leur respondirent qu'il faloit ietter leur butin dans ce lac, ce qu'ils firent, & il y demeura iusqu'à ce que *Cepion* l'en osta, & l'emporta à Marseille, & de là à Rome, ce thresor reuenoit à douze milion d'or non monoyé, & cinquante milions d'argent.

Puis que nous sommes sur le discours de *Toloze*, il faut remarquer son antiquité, car suiuant Nicolas Bertrand & autres, elle fut bastie plustot que Rome par *Tholus* dit Hercule, sur le mont où on void encore les ruines du vieil Tolose.

Le Languedoc ayant esté tenu cinq cens trente trois ans par les Romains, ou ils ont laissé plusieurs marques de leur magnificence, dans les antiquitez qui nous y restent, dont les seules ruines témoignent la grandeur, ils en furent chassez par les *Visigoths*, qui apres que les *Alemands* l'eurent rauagé, y vindrent du temps de l'Empereur *Valens*, l'an 364. sous la conduite de *Fritigernes*, mais Valens pour auoir la paix, les laissa iouïr du Languedoc & Guyenne, de sorte que *Athanaric* commença à s'en dire Roy l'an 384. & laissa *Alaric* pour son successeur, lequel l'Empereur *Honorius* craignant luy bailla les Gaules, mais *Stilicon* Capitaine Romain l'ayant grandement irrité, Alaric le deffit, & de colere alla saccager la Ville de Rome, à Alaric succeda *Ataulphe* qui aussi rauagea Rome, & puis s'estant marié à *Galla Placidia* fille d'honorius, ou selon Olimpiodore seulement sa sœur, les nopces furent celebrées dans Narbonne, il commença à regner l'an 415. & bastit son Palais à S. Giles, qu'on appelle *Villa sancti Ægidij*, ou encore est vn bois qui est dit par abusion, la *Seuue goudesque*, c'est à dire *Silua gothica*, & apres, Ataulphe ayant esté assassiné dans Barcelone par vn de ses seruiteurs, comme rapporte *Dupleix*, apres auoir

de Castres, Liure premier.

chassé les Vandales il fut enseueli dans Barcelone & Vaceus rapporte son Epitaphe en sa Chronique d'Espagne. Elle est telle.

Bellipotens valida natus de gente Gothorum,
  Hic cum sex natis, Rex Ataulphe iaces,
Ausus es Hispanas primus descendere in oras,
  Quem comitabantur, millia multa virum.
Gens tua tunc natos, & te inuidiosa peremit,
  Quem post amplexa est, Barcino magna gemens.

Il laissa pour successeur, *Sigeric*, qui fut aussi tué par les Goths mesmes, à cause qu'il vouloit faire paix auec les Romains & mirent à sa place *Vallia*, qui les trompa, rendant *Placidia* aux Romains à *Vallia* succeda *Theodoric*, qui conquist les Espagnes & défit prés de Narbonne *Attila*, Roy des Huns, lequel mesprisant les Chrestiens, à cause de son armée de quatre cens mille hommes, ou de cinq cens mille selon Monsieur Catel, Andoque, Lucius Marineus Siculus, & Mariana, l. 7. c. 11. se faisoit nommer le fleau de Dieu, mais estant mort en ceste bataille qu'il perdit, il fut enterré à *Mauriac*, dit *Mayrac*, ou *Mayraco*, prés de Carcassonne, dit maintenant *Cappendu*, *à cane suspenso*, c'est à dire d'vn heretique, ce lieu estoit anciennement appellé, *les champs Catalauniques*, dont le peuple s'estant changé en Espagne, donna nom à la Catalogne.

Il fut donc défait par la vaillance des gens de Languedoc, & d'vne défaite si considerable, qu'il y eut soixante mille morts, & tout le reste fut fait prisonnier, blessé, ou en déroute.

Theodoric estant mort, son fils *Thorismond* luy succeda, & à cettuy-cy son frere *Theodoric* second,

& puis son frere *sigeric*, & enfin *Alaric second*, qui fut chassé de Toloze par Clouis, (c'est Alaric dit le jeune, qui mourut prés de Carcassonne, & on void encore au rapport de Besse, le vieux Chasteau dit d'Alaric, entre Carcassone, & Narbone.) Car les Goths y auoient changé leur siege Royal selon Scaliger & Prosper Aquitain, & c'est la cause qu'on trouue de memoires des Roys de Tolose.

Clouis donc ayant pris Toloze, y mit des Lieutenants qui s'en disoient Ducs, & se deffendoient aux Goths, & non content d'auoir pris Toloze, alla assieger Alaric dans Carcassonne pour auoir les vaisseaux du Temple de Salomon qu'Alaric premier, auoit apportez du sac de Rome, & que l'Empereur *Tite*, auoit emportez de Ierusalem l'an 71. & 72. de Iesus-Christ, & qu'il auoit consacrez à Rome, au Temple de la paix, mais les Goths en estans enfin possesseurs, les cacherent dans vn puits merueilleux en profondeur qu'on void encore à Carcassonne, & que personne n'a peu sonder, il a 45. pans de tour en 15. pierres.

Lors Alaric appella à son secours selon Procope, *Theodoric* Roy des Ostrogoths, mais il ne laissa pas d'estre vaincu, & puis défait entierement prés de Poictiers.

A ce second Alaric succeda son Bastard *Gesalic*, & enfin *Amalric*, fils d'Alaric, obtint de Childebert, frere de Clouis, le regne de Languedoc pour s'estre marié à *Clotilde*, fille de Clouis, mais pour le mauuais traitement que Clotilde receut de luy, Childebert le combatit & défit entieremēt. Le dernier Roy des Goths fut Roderic, suiuant son Epitaphe, qui est à *Visco*, en Portugal, où il fut enterré, elle est telle.

de Castres, Livre premier. 7

HIC REQUIESCIT RODERICUS ULTI-
mus Rex Gothorum qui ob Iuliani perfidiam Regni
iacturam fecit, Iuliani memoria erit posteris odiosa, cum
uerit Roderici Domini sui Homicida, & Nationis suæ
inimicus & destructor. Ex Luca Tudensi.

Puis apres les Agareniens ou Sarrasins dits ainsi de Sara & d'Agar, dont ils se disent estre descendus, ou selon Theuet de l'ancienne ville de Sarraca, excitez par *Iulien*, Lieutenant du Roy de Toede, nommé *Roderic*, vindrent és Gaules l'an 714. en nombre de quatre cens mille, neuf ans apres uoir chassé les Goths d'Espagne, & l'auoir conquise sous leur Roy Zema, Arabe, dit Roy de Corube, & ayans commancé par le Languedoc prindrent, Narbone, Carcassonne, & autres Villes de ce pays. Et puis estans allez assieger Tolose, *Eudon*, tua leur Roy, & leur fist leuer le siege, & Charles Martel, acheua de destruire à Tours, Abdiramen, successeur de Zema, où la défaite fut si grande que selon Serres & autres Historiens, qui en ont parlé il y eut trois cens soixante & quinze mille morts, & cela arriua l'an 730. & ainsi Charles Martel ayant recouuré le pays, fit démanteler & ruyner les Villes qui pouuoient seruir de retraite aux Goths, comme *Narbonne, Besiers, Agde, & Sub-antion*, dit autrement, *Sextacio, & Serrario*, suiuant *Vibius Sequester*, & Antonin en son itineraire.

C'estoit vn Comté que le Comte de Melgueil donna à Gregoire VII. Cette Ville estoit antique, mais il n'en reste que quelques petites masures, prés de Castelnau de Montpelier, il est parlé de ce lieu dans Theodulphus ancien Poëte qui dit.

Hinc Magalona habuit lauam, sextacio dex-
tram,
Hic scabris podiis cingitur, illa mari.

On void encore deux inscriptions qui ont esté portées de là audit Castelnau; l'vne est vne Epitaphe du temps des Payens, qui est telle.

D. M. FRONTINA. PRIMA. H. S. P.

C'est à dire, *Diis manibus, frontina prima, hic sepulchrum posuit.* Ie mets ces inscriptions icy, parce qu'aucun Antiquaire ne les a données au public.

La seconde est dans l'Eglise dudit Castelnau de Montpelier, & est prés de l'Autel, mais à cause de sa grande antiquité, elle est fort difficile à lire, toutesfois la voicy telle que ie l'ay peu comprendre

CVRIAE..... TONVS MACRINVS Colonis & incolis.... *est arequmaquue..... & in statuas conflata est,*

Parmy ces masures de Substantion, du debris duquel a esté basty Montpelier, se trouuët plusieurs pieces d'vrnes, pierres de sort, & lachrymoirs.

En ce temps la qui est l'an 736. furent gastées les Arenes, ou Amphiteatre de Nismes, pour le mesme suiet, selon ces vers anciens qui sont és Archifs de Montpelier.

Carolus hanc fregit, postquam sibi marte subegit
Ob Sarracenos quod inueretur eos.
Cum Nemausenas exuri iussit arenas,
Aptas praesidio perfidia populo.

Puis Charles Martel estant mort, Huon fils de Eudon voyant qu'il luy auoit pris lo bien de son pere, reuolta vne partie du pays de Languedoc contre Pepin fils de Martel, & print Castres, &
Tolose

l'an 736. mais Pepin selon Canisius continuateur d'Aimon, le vint chasser, & Eudon estant mort, Pepin en fut Roy, mais encor apres sa mort ils se rebellerent contre Charlemagne qui vint les combattre, & les vainquit. Toutes ces guerres ne furent pas encore la fin, car l'an 845. les Normans (mot venant de Nord & de Mand, c'est à dire hommes de Septentrion) Venus de Scandinauie & Noruege, Comme les Goths furent chassez des enuirons de Tolose par Charles le Chauue, & puis l'an 924. & 937. le Languedoc fut ruiné par les guerres des Comtes de Tolose, & apres par les guerres des Albigeois, & des Anglois, car les Anglois assiegerent Tolose l'an 1160. & l'an 1178. Richard fils de Henry Roy d'Angleterre, vint remuer les guerres que son pere auoit laissées assoupir.

Quãd aux guerres des *Albigeois & Vaudois*, dits ainsi de la ville d'Alby, & de Valdo Lyonnois, ce fut l'an 1160. qu'ils commancerent à paroistre, & l'an 1223. sous Louys VIII. qu'ils auoient remply ce pays; mesme la Ville de Castres suiuoit leur party & croyance selon Pierre de Valsernay, mais parce que leur doctrine choquoit celle de l'Eglise Romaine, on se croisa contre eux; & ayant esté promis remission de pechez à ceux qui les combatroient quarante iours, il arriua vne telle troupe de Pelerins qu'ils furent chassez en peu de temps de ce pays. ceux qui les ruynerent plus, furent deux hommes d'Eglise, l'vn dit Pierre de Chasteau-neuf qui y fut tué, & canonisé, & Dominique Espagnol qui fut aussi canonisé, à ce dernier, Simon de Montfort donna de belles aumosnes des biens qu'il auoit conquis sur les Albigeois; dont il orna la

B

Conuent de Castres, ou sont les Freres Dominiquains, ordre qu'il institua.

L'an 1200. les Vaudois tenoient Tolose, Pamiers, Montauban, Villemur, & selon de Serres, Castres, S. Antonin, Carcassonne, Narbonne, Puilaurens, Beaucaire, Auignon, Tarrascon, & plusieurs autres Villes, & beaucoup de grands Seigneurs estoient de leur party, comme Raymõd Comte de Foix, la Dame de Lauaur, le Comte de Carman, le Vicomte de Besiers, Gaston Seigneur de Bearn, & Raymond Comte de Tolose, mais ne s'estans peu accorder par les disputes qu'ils eurent à Montreal, l'an 1209. ou estoit Guillabert de Castres, ils furent chassez par la force des armes, & le Pape ayant excommunié Raymond Comte de Tolose, il fut obligé aquitter le party des Albigeois, en suite dequoy l'an 1222. estãt mort ailleurs de maladie il fut sans sepulture parce qu'il estoit excommunié, bien que d'autres asseurent qu'il est enterré à Fronteuaux, estant mort à Milan, mais il ny a pas long-temps qu'à Tolose on monstroit sa teste a l'Eglise des Cheualiers de Sainct Iean, dans vn cercueil de plomb, selon Andoque en son Histoire de Languedoc: on y voyoit cette Epitaphe en langage ancien.

Non y a hom sur la terre
Per grand Seignor que fous,
Quem iettez de ma terre,
Se la Gleisa nou fous.

Il ne faut pas que personne trouue estrange que cette Epitaphe soit en ce langage, veu que c'estoit la façon de parler de ce temps là, & pour confirmation de mon dire, ie rapporteray icy les vers *de Castres, Livre premier.*

ue le Comte de Foix (amy du Comte Raymond, & qui tenoit son party) auoit faits escrire sur son Chasteau de Maseres, ils sont tels,

El es escrich sul Castel de Maseres
An ton Seignour nou partisques las peres,
Car el prendra per el las plus madures
Et te rompra lou cap an las pus dures.

Voulant dire que le Vassal ne doit point faire du compagnon auec son Seigneur, car comme on dit ordinairement, vn Seigneur de verre casse vn Vassal de fer.

Mais ie ne veux point passer sous silence l'Epitaphe du Comte Bernard de Tolose qui est en mesme langage & pour la rareté du manuscrit d'Oon Aribert où elle est, ie mettray le passage ntier deschiffré,

Catera qua pandere periculosum est, literis Talamascis (c'est à dire en chifre) inscribam. Pace itaque cum sanguine Eucharistico separatim per Regem & Comitem firmata & obsignata, Bernardus Comes Tolosanus ex Barcinonensis Tolosam venit, & Regem Carolum in Cœnobio Sancti Saturnini iuxta Tolosam adorauit, cumque Rex manu laeua, tanquam sub leuandi gratia Comitem aprehendisset, altera pugione in latus eius adacto eum crudeliter interemit, non sine crimine fidei & religionis violatae, nec sine suspicione patrati Parricidij, lius quippe Bernardi vulgo credebatur, & os eius mirè crebat, Natura adulterium maternum prodente. Post tam nefandam necem, Rex de solio sanguine maculato discedens & pede cadauer percutiens, sic exclamauit. Va tibi qui thalamum patris mei & Domine tui fœdasti, ô quam admirabilia iudicia tua, Domine, dum Rex de Thoro paterno violato praesumit sumere vindictam, inci-

B 2

dit in parridium, & per nimiam pietatem fit impius, atque ita adulterium parricidio punitur.

Per biduum ante fores insepultum mansit Cadauer, tertio die Samuël Episcopus Tolosanus, illud sepulturæ tradidit, cum hac inscriptione in Romancio, tumulo apposita.

    Assi i'ay lo Comte Bernad
    Fisel credeire al sang sacrat
    Que sempre prud'hom és estat,
    Preguen la diuina bontat
    Qu'aquela si que lo tuat
    Posqua soy arma aber saluat.

Cum magno populi concursu exequiarum honores Comiti rependebantur, Rege interim in saltu Vadegiaco venationi indulgente, quod cum ad aures eius peruenisset, iratus est valde, & Episcopus Samuël coram Vicario Regio ter citatus, comparere recusabat, & cognitionem causæ suis co-Episcopis demandari petebat, sed Rege renuente, coram Vicario causam exercere coactus est, & tandem post trinam confessionem, eo quod cum pompa & Epigrammate Comitem damnatum, ore, & manu Regia, sepeliuisset, pœna quingentorum solidorum Tolosanorum mulctatur, & Episcopo adstante & plangente monumentum diruitur. quod Tolosanus Episcopus, vt & alii Galliarum Episcopi ita ægrè tulerunt, vt paucos post menses in Conuentu Chauionensi enixè à Rege Carolo postulauerint, vt sententia illa Vicarii, contra Tolosanum antistitem lata, tanquam iura Episcopalia & Ecclesiastica eneruans & destruens, abrogaretur. quorum postulationi Rex nullo modo obtemperare voluit, sed ore firmo respondit, se non passurum vt Episcopi in his quæ pertinent ad Iura regalia, & ad leges regni, à iurisdictione Regia & laïcali eximantur. le-

gem regni hanc antiquam esse, qua cautum est, damnatos ob crimen, non debere sepeliri, cum precibus publicis, & cum inscriptionibus. Ex manuscripto Odonis Ariberii Capellani Guerrici Falat. gloriosissimi, c'est un curieux manuscrit & grandement important à l'Histoire qui ne tardera pas long-temps à voir le iour par vne bonté particuliere & affection pour le public qui est en celui qui le possede.

Apres la mort du Comte Raymond, Simon de Montfort second print Carcassonne, Castres & autres lieux selon Serres, & fit leuer le siege de Muret au Roy d'Aragon qui y fut tué & enterré à l'Eglise S. Martin, Nicolas Bertrand asseure aussi que l'an 1210. il print le Chasteau de Lauaur, ou Emeric de Montreal Seigneur dudit lieu fut pendu & la Dame Geralde sa femme fut iettée dans vn puits suiuant le manuscrit de Guillelmus de Podiolauro & l'an 1213. Castres se rendit audit Simon de Montfart, sur quoy Froissard remarque que ledit de Montfort voulant monter à cheual pour aller contre les Albigeois, fut mordu à la cuisse par son cheual, & apres son estrier se rompit, mais tous ces mauuais augures ne l'en ayant peu diuertir, il y alla, pour y laisser la teste. Ainsi les Albigeois furent chassez, & de huict cens mille qu'ils estoiēt, selon Perrin, ils furent reduits à ce petit nombre, qui s'est confiné és valées d'Angrogne & de Pragela, d'où on ne les a iamais peu tirer.

C'est ce qu'il m'a semblé estre necessaire de sçauoir, & c'est ce que ie me suis efforcé de renger le tirant des Historiens, & mesmes de quelques manuscrits qui n'ont iamais esté donnez au public, & que i'ay creu que tous curieux seroient aises de voir, afin de sçauoir en quel temps ce pays, & par consequent Castres a esté tenu de toutes ces nations dont nous venons de parler.

Quand aux choses aduenuës du depuis, n'y ayāt eu que plusieurs guerres que ie n'ay pas fait dessein de rapporter, ie le passeray sous silence, me contentant de dire que Castres fut pris l'an 1562. & 1567. par noble Guillaume de Guillot, Seigneur de Ferrieres, & repris l'an 1572, & le 24. Aoust, par noble Iean de Nadal, Seigneur de la Crosete, & enfin repris l'an 1574. par noble Iean de Boussard Sieur de la Grange, personnage non moins sçauant és langues, Astrologie, & autres sciences que capable de conduire vne entreprise, car estant passé de nuit par les moulins de Villegoudon, il en chassa trois compagnies de Corses & Albanois que Monsieur de Mignonac y auoit mises en garnison. Alors fut demolie la belle maison dite de Roquecourbe, (parce qu'elle pouuoit seruir de Citadelle,) elle estoit prés la porte d'Ampare à Villegoudon, & appartenoit à noble Antoine de Martin Seigneur de Roquecourbe, des Aualats, & Viuiers, mary de Damoiselle N. de Sabatier, fille de Monsieur Sabatier Sieur de la Bessede, Procureur General au Parlement de Tolose, touchant lequel est à remarquer qu'estant auparauant venu dans Castres visiter sa fille, le Chapitre de Castres & tous les ordres Religieux le furent receuoir à la porte de la Ville, auec la Croix & le conduisirent dans l'Eglise, & de là, à la susdite maison de Roquecourbe, accompagné du Iuge, Consuls, & autres, où tous les Seigneurs des enuirons luy vindrent rendre leurs complimens, Ie n'ay pas voulu passer sous silence cette circonstance pour marquer quel respect on rendoit à ceux qui portoient le caractere souuerain.

De l'ancienneté, fondation & situation de la Ville de Castres.

CHAP. II.

Ovs aurions à nous plaindre & à regretter nostre mal-heur de ce que les guerres, qui ont fait prendre & reprendre si souuent Castres, ont causé la perte de ses meilleurs tiltres, si ceste perte ne nous estoit commune auec plusieurs autres Viles; c'est là, où ie desirerois auoir puisé à mon souhait les memoires de son antiquité, afin de vous en faire part, au lieu qu'il me faut maintenant descouurir à tastons, & par conjectures, les memoires de ceste Ville, dont les Historiens ont si peu parlé, qu'à grand peine en peut-on trouuer la moindre trace, neantmoins ne permettant point en moy la continuation de leur faute, ie diray, ce que i'en ay peu descouurir.

La Ville de Castres selon Pierre des Valées, chap. 20. est comme la capitale de tout l'Albigeois, située en vn lieu dont le paisage est merueilleusement diuersifié, & sur le fleuue d'*Agout* qui se desgorge dans le Tarn, en la Gaule Narbonoise, *Braccata*, Septimanie ou Gothie, c'est à dire en Languedoc & païs de *Franc Alleu* comme la tres-bien prouué le sieur Caseneuue dans le Liure qu'il en à composé.

Cette Ville autrefois n'avoit presque autre bastiment considerable qu'vn Monastere de sainct Benoist, dependant de S. Victor de Marseille, ses premieres maisons furent du long de la riuiere du costé qu'on puise l'eau appellé *Bertrac* ou il y auoit vn beau port. On sçait par tradition que ce lieu n'estoit iadis qu'vn bois de sapins (dit de S. Vincēs) & principalement du costé de Villegoudon, ce que confirment les vieilles maisons de Castres & lieux circonuoisins qui en sont basties. On attribuë sa fondation aux Romains; qui furent en ces quartiers; & y camperent & passerent plusieurs hyuers, & à cause de cela luy donnerent le nom de *Castra* qui veut dire vn camp d'armée, ce que temoignent assez les Medailles qui ont esté trouuées en diuers endroits, tant dedans que dehors la Ville. Et nous ferons voir au Chapitre suiuant comme cette fondation a esté faite par *Iule Cesar*, & de plus le grand nombre d'Vrnes sur lesquelles on void encore de l'escriture romaine, qui se sont trouuées à sainct Iean à vne mousquetade de Castres ou on dit qu'estoit le vieux Castres prouuent que les Romains y en auoient ietté les premiers fondemens, & ce Chasteau vieux ruiné, dit *Castel-mouton à Castrametatione* semble confirmer ce que nous venons de dire, comme aussi le paué à la Mosaique qui se trouue à Gouriade metairie fort proche de Castres où il y a eu quelque Temple de diuinité payene, car c'estoit la qu'on employoit cette sorte de paué; comme on a veu au Temple de *Diane de Nismes*, & autres, cela est donc fort vray semblable, puis qu'il y a eu d'autres Temples pareils à nos enuirons, comme à Fariaux, où
estoit

estoit le Temple de Jupiter comme son nom le témoigne venant de *Fanum Iouis idæi*, c'est à dire le Temple de Iupiter, à *Pneshtartari* celuy de Minerue, & à Carcassonne celuy d'Apollon.

Les *trois Crapaux* que plusieurs personnes de cette ville, dignes de foy ont veu sur la porte de Villegoudon sont aussi vne marque assez considerable d'antiquité, puis qu'ils y estoient depuis long-temps, & que leur changement en Fleurs de Lis ne fut fait que l'an 485. par Clouis premier Roy Chrestien, selon Bouchet, Guaguin, & Corrozet, mais Nicolas Giles dit que Charles VI. les reduisit à trois Fleurs de Lis, parce que Clouis les auoit prises sans nombre.

Iodocus Sincerus en son Itineraire de France, marque aussi y auoir eu à Castres vne tour d'Heraclius ou on voyoit cette inscription sous la figure d'vn Bœuf.

VENI, VICI.

I'ay veu depuis peu les medailles d'Antonin Pie, de Claude Cesar, & d'Agrippe, & autres, trouuées fort pres de Castres, ce qui confirme que les Romains ont habité autresfois ce pays.

C'est ce que i'auois fait dessein de dire de son antiquité pour le present, remetant les autres choses que i'en ay à dire aux Chapitres suiuans en attendant de voir les autres medailles qui si sont trouuées, afin de recognoistre par ce moyen ceux qui l'ont habité, puis qu'il ne nous reste aucune inscription ny autre antiquité romaine, fors quelques fragmens de statuës, d'inscriptions gothiques, & vne pierre qui est au dehors du Conuent des Religieuses de saincte Claire, ou on void deux hommes armez iouans aux eschecs, ce qui estoit autresfois la deuise des Goths.

Des noms de Castres, & de Villegoudin, & de leur origine.

CHAP. III.

Quand aux noms de Castres (ie dis les noms, bien qu'à grand peine on luy en trouue vn de vray dans les Historiens) ils sont en grand nombre, car comme nous auons dit, les Romains l'appellerent *Castra*, à cause qu'ils y campoient, trouuans ce lieu propre à camper, parce qu'il est enuironné comme de trenchées naturelles, comme a fort bien remarqué Castelfranc en sa Mecometrie de l'aimant, ou parce que le Monastere qui estoit autrefois à Castres, portoit le nom de *Castras*.

D'autres l'ont appellé *Castra*, à cause qu'il y auoit vn Chasteau dedans qui reste encore, c'est pourquoy il est dit dans vn vieux Historien, qu'on venoit à *Castro de Castras*.

Les autres l'ont par abusion nommé *Castrena*, entre lesquels est Chenu & dans vne ancienne Cronique, & le Liure dit, *Praeclara Facinora*, selon Monsieur Galand, il est appellé, *Ciuitas & villa sancti Vinsentii de Castris, in territorio Albigensi*, pour la raison que nous dirons cy-apres.

Monet l'appelle *Castrii, Volcarum ager, Castrenses Tectosagum & Cordenses*.

Bien que ce mot de Castres ne semble denoter que des Chasteaux, on entend icy vne Ville, car les anciens confondoient dans ce mot, les petites villes fortes, ceintes de murailles, ce que Monsieur Catel en son Histoire de Languedoc confirme disant que par *Castrum* les anciens entendoient *Oppidum*. Et en outre nous pouuons le prouuer par la Popeliniere qui dit que les premiers Albigeois qui estoient l'an 1160. tenoient la Ville de Castres (ne disant pas qu'elle ne fut qu'vn Chasteau) qui suiuoit leur parti & fut conquise sur eux comme attestent les Liures & ses Archifs. Or puis que i'ay cité la Popeliniere, ie diray en passant la faute qu'il a faite en son Histoire lors que parlant du Capitaine *Rascas* de Castres il a mis *Cascas* en diuers lieux, & a fait ainsi faire la mesme faute au sieur d'Aubigné.

En apres ie puis prouuer que Castres estoit vne Ville & non des Chasteaux simplement, par Platine en la vie des Papes, & par Aimon le Moine, Liure 5. Chap. 20. qui temoignent que l'an 858. on l'appeloit *Pagus Albigensis*, & qu'à lors le Conuent dit *Castrum* y estoit dedans, & qu'on y apporta en ce mesme temps la Relique de S. Vincent, en consideration du lieu, car on n'a pas accoustumé d'en mettre de si considerables en des lieux de petite importance, & c'est alors que Castres fut dit *Villa sancti Vincentii de Castris*.

Le mesme Aucteur dit qu'on auoit apporté cette Relique de Valence d'Espagne, & que le Moine, *Andualdus* la porta dans le Conuent de S. Benoist de Castres, ou il y eut vne si grande affluance de peuple que quelques vns y furent estouffez, apres Louys le chauue & les Religieux de ce lieu, craignans les Normans, porterent ceste Relique à Tolose, & puis les Normans abordans Tolose elle

C 2

fut rapportée à Castres, de ce transport de Relique voy de Marca en son Histoire de Bearn.

Il est donc aisé de conclurre, que le lieu estoit bien grand & habité, & que le nom pluriel de *Castra* vient, de ce qu'il y auoit vn Conuent, dit *Castrum*, & vn Chasteau ou fort, car s'il eut esté autrement on ne l'auroit appellé que *Castellum*, & pour confirmer ce que i'ay dit, Pierre de Vallernay l'appelle *Vrbem que dicitur Castre*, & l'appelle *Castrum nobilissimum*, & le chef de tout l'Albigeois, lors qu'il dit que l'an 1210. Simon de Montfort fut appellé par les Bourgeois *Nobilissimi Castri*, & ainsi comença d'en estre Seigneur en cette année.

Castres est aussi appellé *Castrum Albigensium*, ou *Heluiorum* par Dupleix és memoires des Gaules, parce qu'il depend d'Alby, & ce mot de *Heluii* vient selon Eusebe de *Heluia* mere de Ciceron natiue d'Alby, ou plutost de *Heluus* ancien mot qui selon Festus signifie, de couleur blanche tirant sur le roux, telle qu'est celle des habitans de ce païs.

D'autres ont appellé Castres, *Pagus Albiensis* par excellence, comme Adelmus Benedictinus appelle Tolose, *Pagum Tolosanum*, & Ammian Marcellin appelle Paris, *Castellum*, & selon Antonin en son Itineraire, Castres est appellé *Ciuitas Albigensium*, & Villegoudon, *Godonis Villa*, comme qui diroit Ville des Goths, *Ville Goth* ou Ville d'Agout riuiere qui y passe.

Les autres selon Ortelius ont appellé Castres, *Cetoro & tessero*, & d'autres le logent sur le Tarn, à cause que la riuiere d'Agoust si va rendre, & l'appellent *Cessero*, duquel parlent Pline au Liure 3. Chap. 4. & Ptolomée au Liure 2. Chap. 10. & au contraire Varrerius estime que *Cessero* est Cisteron, mais outre que selon Dupleix, Cisteron s'appelle, *Ciuitas Segestoriorum*, Castelfranc à respondu à Varrerius en refutant Dupinet qui auoit eu la mesme croyance, comme on peut voir en son Liure de la Mecometrie de l'aimant.

Les autres disent que *Cessero* est sainct Huberi ou Hyberi, mais Poldo Homme grandement entendu en antiquité, asseure que *Vindomagus*, est sainct Huberi, qui s'appelle aussi *Araura*, à cause de la riuiere d'Erault, qui y passe, & Castel-franc qui n'est d'aucun de ces aduis dit que *Cessera*, qui est vne autre Ville dont nous n'auons encore parlé, est-ce *Cessero* dont ont parlé Pline & Ptolomée?

Il y en a encor d'autres qui distinguent *Cessero* de *Cessero*, disant que *Cessero* est Castres, & que *Cessero* est prés de Carpentras, faute que Henry Estienne & autres ont faite, parce que Pline en nommant *Cessero* parle apres de Carpentras, & Antonin appelle *Cesserone* vn autre lieu prés de Besiers, mais il ne peut estre Sainct Huberi, veu qu'il ne les fait estre distans l'vn de l'autre, que de mille pas ou enuiron.

Quand à moy, ie tiens auec Ortelius, Poldo, & Lambert Daneau, que *Cassero*, *Casero*, *Cessero*, *Ceseri*, ou *Cesarum*, est nostre ville de Castres, qui fut appellée par les Romains, *Castra Cæsaris*, d'où sont venus ces noms de *Castrs*, & *de Cesero*, & les autres par abusion, & bien que quelques vns mettent *Cessero* sur le Tarn, cela ny fait rien, veu que Castres est dit estre sur le Tarn, par plusieurs Autheurs parce que la riuiere d'Agoust qui y passe se dégorge dans le Tarn.

Auant que faire la fin de ce chapitre, ie ve[ux] encore prouuer & fortifier mon opinion par vn a[r]gument tiré des longitudes & l'atitudes des lieu[x] car le lieu Cessero, selon Ptolomée, & autres a[n]ciens Autheurs est à 44. degrez de latitude, & 2[1.] degrez 15. minuttes de longitude, laquelle lon[gi]tude n'est point differente beaucoup de celle [de] Castres que nos Modernes baillent, entre lesque[ls] est Henrion qui le place à 43. degrez 39. minutt[es] de latitude, & 21. degrez 45. minuttes de long[i]tude, & quoy qu'il y ait quelque petite differenc[e] de cette longitude & latitude auec celles de Ptol[o]mée, il ne faut pourtant croire que cette differenc[e] soit considerable, veu que toutes les longitudes [&] latitudes des Villes se trouuent differentes e[n] quelque chose de celles que les anciens auoien[t] prises.

De toutes les consideratiõs susdites, ie cõclus qu[e] nostre ville est nommée d'Auguste Cesar, ou l'v[n] de Iules Cesar, & l'autre de son fils Adoptif Augu[ste] qui fut és Gaules seize ans, auant Iesus-Chri[st] & y seiourna long-temps, & puis le mot de Ceser ou Cesarum attribué a Castres dénote le nom d[e] Cesar, & le nom de la riuiere d'Agoust qui vient d'Auguste, ou celuy de Ville-goudon qui vient de Ville d'Agoust ou Ville d'Auguste, denotent le nom d'Auguste. Et ainsi nos deux villes iointes par la riuiere composent le nom d'Auguste Cesar, ou du pere & du fils, qui estoient auant Iesus-Christ, & ainsi nous auons des marques assez antiques de nostre Ville de Castres.

Des armoiries de la ville de Castres, & de leur origine.

CHAP. IV.

LA Ville de Castres porte emmanché d'argent & de gueules comme portoit le Sieur de Corlaou nommé Guillaume de Vaudrey, & comme Richard Comte d'Eureux, & comme on les void sur les murailles d'Auignon. Ces armes tesmoignent que la Ville de Castres à seruy de retraicte, ou a esté bastie apres la retraicte d'vn Camp de Romains, car les paux renuersez, qui sont ses armoiries le dénotent, veu que les Romains auoient accoustumé selon Du choul, & autres, d'enuironner leur Camp de Paux, ce qu'ils appelloient la circonuallation, & de la venoit qu'on donnoit la coronne Vallaire, *Castrense*, ou palissée à ceux qui estoient entrez les premiers dans le camp des ennemis, ces Paux renuersez veulent donc dire que leur palissade à esté defaicte, & qu'ils se sont retirez.

Du depuis on a adiousté vne chaussetrappe sur les armoiries de Castres, selon aucuns, en memoire de quelque victoire obtenuë par le moyen de ces instrumens de guerre, & on a mis au dessus cette deuisé, DEBOVT. Parce que cét instrument ne eut iamais tomber qu'il ne se trouue auoir vne pointe en haut, & pour denoter qu'il faut que les hommes ne chancelent iamais pour le seruice de Dieu & de leur Roy, i'ay veu du depuis plusieurs chaussetrappes trouuées aux enuirons de Castres en fouffoyant la terre ce qui confirme ce que nous auons dit cy-deffus.

De l'ancienne Abbaye & Abbez de Caftres, de leur fceau, & des freres barrez ou clathrez qui y eftoient.

CHAP. V.

L'Abbaye des Moines de fainct Benoift qui eftoit iadis à Caftres, eft vne des chofes plus anciennes qui y fuffent, elle dependoit de fainct Victor de Marseille felon Iean Tournet en son Liure des Dioceses, & fut de ces Abbayes fameufes, efquelles l'an 708. & felon d'autres 815. furent mis par nos Roys des Abbez qui eftoient des Seigneurs, qu'on nommoit par fois *Abbicomites*, elle eftoit fort confiderable, tant pour eftre des plus antiques de l'Albigeois, felon l'Itineraire d'Antonin, que pour l'aufterité & bonne vie de ses Religieux. Et pour confirmation de ce que ie viens de dire, frere Iean Porcin, en son abregé de la Cronique de fainct Benoift, dit, que, *in ripa acut* c'eft à dire au riuage d'Agouft, *eft Monafterium vocatum, à Caftris in Epifcopatu Albiensi*, ou les Abbez & Moines le iour de fainct Benoift beniffent l'herbe, dite des habitans, *impolluta*, qui reffemble au nafitort & qui defcouure les ladres, car mife fur la bouche des perfonnes qui en eftoient foupçonnées, fi c'eftoit à tort qu'on les accufoit, elle ne fe faniffoit pas, mais fi faifoit bien s'ils eftoient coupables. *Nefcio* (dit-il) *an hæc virtus ei fit innata, vel à fanctorum veniat benedictione*, ie ne puis m'imaginer

imaginer qu'elle herbe c'est, ne trouuant point que la Cardamine, ny le Seneué qui resemblēt au Nasitort ayent de vertu pareille, ie trouue bien que la Veronique est appellée herbe aux Ladres, mais elle ne resemble point au Nasitort, parquoy i'estime que c'est quelque autre plante plus rare, & particuliere à ce païs qui a cette vertu naturelle, & à laquelle i'ose imputer la cause qu'il ny a pas de maladerie à Castres, les Ladres en ayans esté chassez depuis long-temps par cette plante qui estoit leur pierre de touche, & à cause de laquelle ils n'osoient venir en ces quartiers.

Le susdit Porcin manuscrit conte d'autres choses merueilleuses de ce Conuent, que par brieueté nous passerons sous silence.

Cette Abbaye estoit bastie en forme de Croix, & estoit à l'endroit où sont à present les Dominiquains, elle fut iugée de si grand merite par Charlemagne, qu'il l'orna & augmenta beaucoup l'an 770. ou enuiron.

Les Abbez qui y ont esté, estoient en fort grande consideration, mais son ancienneté, & perte de ses papiers est cause que nous n'auons peu ramasser qu'auec grand peine ces memoires de leurs noms que nous vous allons donner.

Mais auant que passer outre, il est necessaire de sçauoir que l'ancienne Abbaye estant à S. Vincent, les Abbez bastirent aux Ormeaux vne plus belle maison Abbatiale, dont l'Eglise estoit au lieu où est à present la Cathedrale, & s'estans changez là, baillerent la vieille Abbaye à des Religieux de S. Augustin, mais S. Dominique estant allé visiter la Relique de S. Vincent, leur dit, qu'il auoit ouy

D.

vne voix qui luy auoit dit, que cette Eglise estoit à luy, a cause dequoy on la luy laissa librement, & les Religieux qui y estoient, se retirerent ailleurs de sorte que les Iacobins que S. Dominique institua, y furent logez & y sont encore, & leur premier Prieur fut vn nommé Louys Raymond, mais en memoire que la maison Abbatiale de S. Benoist a esté, là où ils sont, le Chapitre y va trois fois l'année, à sçauoir les iours de la Purification Nostre-Dame la Chandeleuse, auquel ils benissent les chandelles, & les iours de S. Vincent, & de sa Translation ils y vont dire la Messe, & les Dominiquains se retirent & les laissent en liberté dans leur Eglise, touchant cecy, voy le Chapitre 8.

Quand aux Abbez dont nous auons fait dessein de parler, le premier nom que ie trouue d'iceux est d'vn nommé Bernon, qui selon Monsieur Catel, estoit Abbé de Castres, sous Charles le Chauue, c'est à dire, l'an 841. & encor crois-je qu'il y a eu quelque autre Abbé aussi nommé Bernon. Car Aymon le Moyne dedie son Liure à Bernon Abbé de Castres, or ce ne peut estre le premier veu qu'il parle du suiuant dans son Liure. Car il ne peut pas parler d'vn Abbé qui ne fut qu'apres celuy auquel il s'adresse.

Le second, fut Elisagar qui en fut l'an 854. & fut apres Euesque de Tolose.

Le troisiéme que ie trouue s'appelloit selon Aimó le Moyne, Chap. 20. Liure 5. Gilebert qui en estoit Abbé, lors que le Corps de S. Vincent fut apporté à leur Conuent de S. Benoist qui fut l'an 858. sous le Pape Iean VIII. selon Platine, qui appelle ce Conuent ou Abbaye, *castrum in pago Albigensium conditum.*

C'est en ce temps-là que ces Moynes prindrent pour sceau, & cachet de leur Abbaye selon Catel, vne teste de S. Vincent, y ayant à l'entour ces mots. *Sigillum sancti benedicti Castri.*

Ils auoient auparauant vn autre sceau auec cette inscription.

S. G. Abbatis Castrensis.

Nicolas Bertrand en ses gestes de Tolose parle d'vn Sainct qu'il y a à Tolose, dit, Gilebert Abbé, qui pourroit estre celuy de Castres dont nous auons parlé cy-dessus.

Le quatriesme, non en rang, car ie ne mets que ceux que ie sçay, est Guilabert qui fut au Concile tenu à Alby, Contre les bons hommes, l'an 1176. comme rapporte Besse en son Histoire de Carcassonne.

Le cinquiesme est Guillaume, dit, du Temps, qui en estoit Abbé, suiuant Catel, l'an 1215. Ie ne sçay si c'est ce Guillaume du Temps dont parle l'Histoire de France, qui vescut 361. ans, selon Baudier en l'Histoire de l'Abbé de Sugger.

Le sixiesme est Guillaume Augery, qui en estoit l'an 1258.

Aymon le Moyne parle aussi, d'vn *Willelmus*, Abbé de Castres, qui peut-estre est different du susdit.

Le septiesme, est Alexandre qui en estoit Abbé l'an 1302.

Le huictiesme est Alchias, qui en fut Abbé sous le regne de Philippe, l'an 1303.

Le neufiesme, est Bertrand qui en estoit Abbé l'an 1314. sous Philippe IV. Roy de France.

Le dixiesme, est Guillaume Mezens, comme il appert de plusieurs actes.

Le dernier est *Deodatus Severatus*, qui de dernier Abbé, fut par son merite fait premier Euesque, comme nous dirons au Chapitre des Euesques; Cettuy-cy en fut Abbé, l'an 1316.

De Castres dependent encore deux autres Abbayes, à sçauoir, celle de Saincte Marie d'Ardorel, qui est à Aupoul, & celle qu'on appelle *Aqua Famosa*, autrement de Vilaines ou de Vielmur, selon d'Auty, & toutes deux sont de l'Ordre de Cisteaux.

Outre cette ancienne Abbaye, on trouue aussi des memoires des Religieux de S. Iean qui estoient à Castres, appellez *Fratres Clatrati*. I'en ay veu vn acte de l'an 1039. 3. *Idus Maij*, par lequel Guillaume Euesque d'Alby donne les biens de ces freres dont le Conuent estoit ruyné, aux Religieux de S. Benoist, se reseruant (dit-il) vne lampe de cuiure où sont grauez 3. caracteres Hebrieux qui luy donnent le pouuoir de brusler sans huile auec la seule eau de riuiere.

Dans vne autre acte de l'an 1046. les mesmes Freres sont appellez *Fratres Barrati*. De sorte qu'on peut coniecturer que s'estoient les Carmes ou Religieux de S. Iean qu'on obligea de bigarrer leurs habits ou de déloger du Mont-Carmel, & ce mot *Clatrati* qui vient de *Clathrum*, c'est à dire vn chassis ou treillis (à cause dequoy on appelloit les fenestres *Clatrata*, selon Plaute, *in milit. sc. 4. a. 2.* & Horace, *obiectos caueæ Valuis si frangere Clathros*) denote qu'ils deuoient auoir des habits à barres de diuerses couleurs, le nom de barrez le marque aussi, voy ce que i'en dis ailleurs.

Cette lampe caracterisée à la maniere d'vn Ta-

Jifman me fait fouuenir d'vn vafe de marbre blanc en forme d'vrne ou conche, qui felon du Brueil en fes antiquitez de Paris, fe void au Conuent des Religieufes de Footel, les Malenoë prés de Paris ayant deux anfes & fur chacune deux characteres Hebrieux qu'on croit numeraux fc. vn *Men*, ouuert, qui vaut 40. G*ay*n 70. *Men*. fermé 600. *Refch*, 200. qui fait en tout 910. il contient deux fceaux d'eau, & on affeure que l'eau ne s'y corromp iamais, & qu'elle guerit des fiéures.

es Seigneurs, & Comtes de Caſtres, auec leur Hiſtoire Genealogique, & Epitaphes, & premierement de la tres-illuſtre & ancienne famille des Montforts, recueillie de diuers Autheurs, de pluſieurs manuſcrits antiques, & des vieux Actes & Archifs de la ville de Caſtres, &c.

CHAP. VI.

IL y a beaucoup d'Hiſtoriens qui ont dit quelque choſe de la genealogie des Montforts, comme du Tillet, les ſieurs de ſainĉte Marthe, Monſieur Catel, & autres, mais touſiours on la trouue defectueuſe, le dernier qui en a parlé eſt Dauid Defos, qui en dit quelque choſe dans la preface de ſon Liure des Droits du Comté de Caſtres, mais il confeſſe qu'il a auſſi eſté defectueux, ce'ſt pourquoy ayant deſcouuert par mes recherches des memoires particuliers, & la pluſpart de leurs epitaphes qui ſont les meilleurs actes qu'on puiſſe auoir pour prouuer vne Hiſtoire, i'ay débrouillé ce chaos que les Autheurs nous auoient laissé, le mieux qu'il m'a esté possible.

J'oseray imputer la cause de ces erreurs à ce qu'il y a eu vne autre famille de Montforts, & ainsi nos Autheurs les ayans confonduës, n'ont peu desmesler cette fusée. Mais voicy la vraye genealogie de la maison des Montforts qui ont esté Seigneurs de Castres & qui mesme s'en disoient Comtes auant qu'il fut erigé en Comté.

L'an 997. Robert Roy de France fils de Hugues Capet eut vn fils de Berthe Comtesse de Noyon dite Agnez qui fut appellé Amaury premier lequel Paradin & plusieurs autres ont mal à propos estimé bastard, veu que ledit Roy Robert auoit espousé en premieres nopces ladite Berthe, selon Corrozet, mais il la quita apres parce qu'elle estoit sa parente, & donna audit Amaury le Comté de Montfort qui est prez de Paris, comme aussi plusieurs autres places considerables suiuant Bonald en ses manuscrits.

Cét Amaury Comte de Montfort eut trois fils, à sçauoir Amaury II. vne fille qui selon du Tillet fut mariée à Huon Sire de Crecy fils du Comte de Rochefort, & Grand maistre de France, & Simon premier de Licestre Comte de Montfort que Tillet appelle mal second.

Amaury II. eut fils & fille à sçauoir la Comtesse de meullant, & N.

Simon premier son frere dit le Chauue eut trois femmes, de la premiere il eut Amaury de Montfort. Et d'Elizabeth sa troisiesme femme, qu'on appelloit aussi Ernice ou Amicie, qui estoit sœur aisnée & heritiere de Robert Comte de Licestre &

de Roger Euesque de sainct André en Escosse, il eut Simon II. Comte de Montfort & de Licestre, & Guy de Montfort Comte de Sidoine ou Sageste en Leuant, qui mourut outre mer, leur mere fut apres remariée au Sire des Barres, d'où sortit Guillaume des Barres Cheualier fort renommé.

De sa seconde femme fille de Richard Comte d'Eureux qui selon du Moulin viuoit l'an 1087. il eut Amaury III. Comte de Montfort & d'Eureux, & Bertrande ou Berthe qui fut mariée à Foulques Rechin Comte d'Anjou, d'où sortirent, Amaury & Baudouin Roys de Ierusalem.

Simon II. Comte de Montfort & de Licestre lequel du Tillet appelle troisiesme fit la guerre aux Albigeois, & fut à Muret qui estoit assiegé par le Roy d'Aragon & autres, au rapport de plusieurs Autheurs comme Nicolas Bertrand, Baiole & qui asseurent que ledit Roy y mourut, & ainsi le siege estant leué par le moyen dudit Simon de Montfort, il en reuint sain & victorieux, bien que du Tillet die qu'il y mourut. En quoy il s'est grandement trompé comme a fort bien remarqué le Sieur Galand, veu qu'il fut au Concile tenu à Montpelier l'an 1214. ou on luy donna selon l'Histoire Tolosaine de Noguier, le Comté de Tolose & Duché de Narbonne, en ayans despouillé le Comte Raymond, accusé selon N. Bertrand en ses gestes de Tolose. D'auoir esté partisan des Albigeois parce qu'il les auoit fauorisez, de sorte que Simon II. de Montfort se qualifie apres dans vne lettre qu'il enuoye aux Bourgeois de Castres qui se void encore dans Pierre de Valsernay, Duc de Narbonne, Comte de Tolose, & Vicomte de Besiers Licestre & Carcassonne.

Simon II. estant apres allé à Tolose traita trop rudement les nouueaux suiets, voire de telle sorte qu'ils se porterent à le chasser de la Ville, mais voulant auoir raison de cét affront il les assiegea l'an 1218. & mourut à ce siege selon de Serres, sa teste luy ayant esté emportee par vne grand pierre qu'vne femme lascha d'vne pierriere, qui estoit vne ancienne machine de guerre. Nicolas Bertrand rapporte cette mort, & dit que son fils Emery emporta ses entrailles à Carcassonne, & les y fit enseuelir, & le corps selon Andoque en son Histoire de Languedoc fut porté en France, mais il y a quelque apparence qu'il fut porté tout entier & enterré dans Carcassonne, ce que son epitaphe confirme, qui se void encore à Carcassonne sur vne grande pierre ou il est representé tout armé au dessus, auec cette inscription.

Hic iacet Simon Comes Montisfortis, Dei & sanctæ sedis Apostolicæ gratia, Dux Narbonensis, Comes Tolosæ, & Vicecomes Carcassonæ & Biterris, qui fuit in parte linguæ Occitanæ, Monsfortis Ecclesiæ Romanæ contra pestilentem Albigensium hæresim. Vixit in sanctitate morum, & militari probitate & sub sua tuitione & defensione, innocentia Christiana ab hæretica impietate tuta permansit. Exaltauit eum Dominus suis militaribus gestis & infinitis curis eum fatigauit, & tanta paupertate depressit vt superbus fieri ei non licuerit, cù iste magnanimus vir in obsessione Tolosæ sacri audiret, hostes ferociter & magno impetu in Castra irruerunt, quod cum ei denunciatum esset, ait, nisi priùs christum meum videro, non vadam, & cum sacerdos sacram Eucharistiam leuasset, tunc deuotus homo, flexis genibus, manibus, oculisque ad coelum erectis, dixit, nunc dimittis seruum tuum Domine secundum verbum tuum in pace, quia viderunt oculi mei salutare tuum, & addidit, eamus & moriamur pro eo qui nobis mori non est dedignatus, & ictu lapidis percussus fuit in capite, ita vt cum se moribundum cognosceret, & ad extremas vitæ metas anhelare sentiret, bis suo pectore percusso, sedeo, beatæque Virgini Mariæ commendauit, mortem que Diui Stephani imitatus, sicut ille in sua patria, lapidibus obrutus, obdormiuit. antequam lethiferum lapidis ictum sensisset, iste fortissimus Eques vel gloriosus Martyr Iesu-Christi, ad imaginem & similitudinem sui Saluatoris, pro cuius amore mortem patienter ferebat, quinque sagittis fuerat transfixus. quamobrem eum in cœlis cum illo fœliciter regnare credimus. Ex hoc sæculo migrauit crastina die natiuitatis sancti Ioannis Baptistæ anno incarnationis. 1218.

C'est ce Simon II. qui l'an 1216. fut fait Maistre titulaire du Languedoc & Seigneur de castres en particulier. De sa femme dite la comtesse Alix de Montmorancy il eut quatre fils, à sçauoir Amaury, Simon, Guy, & Philippe, & vne fille, qui fut promise en mariage à Iacques d'Aragon, fils aisné de Pierre Roy d'Aragon, mais il ne l'espousa pas à cause de la mort du Roy son pere qui fut tué a Muret l'an 1213. selon Iustel en sa geneal. de la maison d'Auuergne par quoy elle fut mariée apres au fils du Comte de Valentinois.

Le premier des enfans de Simon II. est selon Monsieur Catel, Amaury IV. Comte de Montfort qui ceda les droits qu'il auoit sur le Comté de Tolose au Roy Louys VIII. en recompence dequoy il le fit Conestable de France, & c'est le suist pourquoy Charles Comte d'Aniou & fils de

Louys VIII. se dit Roy de Sicile Ierusalem & Prouence, & Comte de Castres, s'en disant apres son pere, or selon diuers contracts, Serres l'historien & Beste en son Histoire de Carcassonne, Castres fit hommage a Louys VIII. l'an 1226.

C'est Amaury Conestable mourut a Ydrunte & fut enterré à Rome, il fut marié auec la fille du Dauphin de Viennois, de la famille des Ducs de Bourgogne dite la Duchesse de Narbonne, les nopces furent celebrées à Carcassonne l'an 1214. & par ce moyen selon Noguier il fut beaufrere du Duc de Bourgogne. Il eut d'elle vn fils nommé Iean de Montfort Comte de Squilace qui mourut en Cypre ou il laissa grande lignée, mais du Tillet dit qu'il en eut deux, dont l'aisné fut pere de Iean, qui fut mary de Craon, d'ou nasquit Beatrix femme de Robert IV. Comte de Dreux.

Amaury IV. eut aussi trois filles, la premiere est Eleonor qui eut trois fils l'vn Seigneur de sainct Amans, l'autre d'Embialet & l'autre de Villefranche.

La seconde fille nommée Laure Dame Despernon eut pour dot les terres basses d'Albigeois, & fut mariée au Comte de Guyenne, & apres selon quelques Autheurs fut femme de Ferry ou Ferdinand de Castille d'ou elle eut vn fils nommé Guido, & quatre filles, sçauoir la Comtesse de Bologne, la Comtesse de Vigiles, la Comtesse de Foix qui eut vn fils qui fut Comte de foix, & que son pere tua à coups de dague, & la quatriesme fut la Comtesse de Guyenne, qui eut vne fille, & trois marys tous Comtes, l'vn de Perdriac, l'autre d'Arnat, & l'autre de Foix, & suruescut à tous.

de Castres, Livre premier. 35

Quand à la troisiesme fille, on ne trouve aucun memoire d'elle.

Le second des fils de Simon II. fut Simon III. de Montfort, Comte de Licestre, qui ayant fâché le Roy de France, fut fugitif en Angleterre, où il se maria, selon Bonald, avec Eleonor, soeur de Henry III. Roy d'Angleterre, veufue de Guillaume Mareschal, Comte de Licestre, & le Roy le fit grand Mareschal, ou Seneschal d'Angleterre, ce Simon III. fit la guerre l'an 1263. & 1264. avec son frere Henry III. & son fils Edoüard, & les print tous deux prisonniers, mais Edoüard ayant trouué moyen de se sauuer, print apres prisonniers Simon & son fils Henry de Montfort, & les fit mourir en prison l'an 1265.

Simon III. eut de sa seconde femme, Simon IV. mary de la Comtesse Alix, & Guy Comte de Sidoine, & de sa femme Eleonor, il eut quatre fils & deux filles, les fils furent, Henry de Montfort, Simon Chevalier, Guy Seigneur de Beine, qui fut marié à la fille du Comte Raoul de l'Anguillaire, qui le fit Gouuerneur de Toscane, selon Guillaume de Podiolauro, & Nicolas Bertrand, c'est celuy qui vengeant la mort de son pere, tua dans l'Eglise de Sainct Laurens de Viterbe, le fils du Roy d'Angleterre, & puis mourut en prison en Sicile, les enfans qu'il eut, furent, selon du Tillet, vn fils nommé Philippe, & vne fille appellée Anastaise qui fut Comtesse de Nole, & femme de Romain des Vrsins, le quatriesme des fils de Simon III. fut Amaury V. qui fut homme d'Eglise, & Tresorier d'Yort.

Les deux filles de Simon III. furent Eleonor,

E 2

qui fut femme d'Othin Prince de Gales, & Peronnelle, qui fut femme de Pierre de Courtenay
sieur de Conches, & apres de Henry Seigneur de
Sully.

Le troisiesme fils de Simon second, fut Guy de
Montfort Comte de Bigorre, & Vicomte de Marsan, qui selon Fournier mourut à Castelnaudarry, son genre de mort fut d'vn coup de Pierre qui luy fut iettée l'an 1226. d'vne machine au siege de Vareles prez d'Appamiers. Du Tillet dit qu'il fut mary de Perrete ou Peronnelle vefue de Gaston de Bearn d'ou il eut deux filles, sçauoir Alix, & Peronnelle, Alix eut deux fils, & deux filles l'aisné des fils est, Eschimat, & le second Iourdain de Chabanes, ils moururent sans enfans, les filles sont, Lorre Vicontesse de Turene, & Mahaut Comtesse de Thyerre, femme de Messire Philippe de Fiandres.

De Peronelle de Montfort, femme de Raoul Tesson, nasquit Guillaume Tesson Cheualier, apres la mort de Guy elle se remaria à Aimery de Rancoignes, & puis à Boson de Mathes. Elle eut en tout cinq marys, de ce Mathes elle eut vne fille appellée Marthe qui se maria a Gaston de Bearn, d'ou sortirent quatre filles, à sçauoir, Constance Vicontesse de Marsan, Laure Comtesse d'Armagnac, Marguerite Comtesse de Foix, & Guillemete femme de Pierre d'Aragon.

Le quatriesme & dernier des fils de Simon II. est Philippe de Montfort sieur de la Ferté Aleps & Seigneur de Tyr, c'est celuy qui est le premier qui selon du Tillet & Catel fut dit vray Seigneur de Castres, parce que le Roy luy donna l'Eueschè

'Alby ou estoit compris celuy de Castres, & alors es Bourgeois de Castres le furent trouuer à Lombers pour luy rendre leurs deuoirs comme à leur nouueau Seigneur.

Ce Philippe icy fut à la terre saincte auec sainct Louys, c'est pourquoy il est dit Seigneur de Tyr, il mourut à Carthage & fut enterré à Rome, ayant esté auparauant Mareschal de Camp de Charles Roy de Sicile ou il luy fit obtenir la victoire contre Mainfroy. Il viuoit l'an 1229. & 1270. selon vn manuscrit ancien, & laissa vn fils appellé aussi Philippe, ce que du Tillet n'a pas dit, & dont Galand le censure.

Ce Philippe premier eut deux femmes l'vne Angloise, appellée Alix de Bretagne, née l'an 1297. & morte l'an 1369. & qui est enterrée dans l'Eglise des Freres Prescheurs du Mans. Et l'autre Françoise nommée Ieanne de Leuis, il eut de la Françoise, Laure, femme de Bernard Comte de Commenge qui mourut sans enfans. Helips ou Alix, Amfredus de Montfort, Simon V. qui mourut a Naples ayant esté tué à la guerre de Charles VI. & le dernier fut Iean.

De l'Angloise il eut trois enfans à sçauoir, Iean qui fut sans lignée, Philippe II. & Eleonor.

Philippe II. dit le Ieune par Caseneuue, & dans diuers actes, fut Comte de Montfort, Viceroy de Naples, & Lieutenant pour son pere, pendant qu'il estoit à la guerre hors du Royaume, il fut Seigneur de Castres selon Catel, & fit des reglemens pour ladite Ville touchant la Iustice, l'an 1245. & 1268. luy estant à Roquecourbe, & cette mesme année fit hommage au Roy de France il donna des priuileges à Castres l'an 1270.

Apres la mort de Philippe le Ieune, Iean son frere fut Seigneur de Castres, il fut surnommé le Vaillant, fut Seigneur de Toron, & Chancelier du Roy de Naples, & fut à la guerre de Naples. Il eut deux femmes à sçauoir Ieanne fille de Charles premier Roy de Nauarre, & Marguerite qui le suruesçut, & se maria à Robert de Dreux, Cheualier, Comte de Montaut. Ce Iean mourut sans enfans, & apres sa mort Ieanne & Eleonor ses sœurs consanguines furent en different pour la Seigneurie de Castres, de sorte que le Comté fut gouuerné par Commissaires pendant leur different, & fut enfin adiugé à Eleonor qui se maria à Iean premier Comte de Vendosme, & ainsi la Seigneurie de Castres selon du Tillet tomba entre les mains de la maison de Vendosme.

De la seconde branche des Comtes de Castres, à sçauoir de la maison de Vendosme.

Chap. VII.

DV mariage d'Eleonor de Montfort auec Iean premier de Vendosme Seigneur de Castres, nasquit Bouchard premier de Vendosme dit le Grand, qui fut Seigneur de Castres l'an 1320. & acheta l'an 1348. la moitié du Vicomté de Lautrec à Pierre, Vicomte de Lautrec Seigneur de Monredon.

Les Sieurs de Saincte Marthe, disent, que Bouchard eut vne autre femme appellée Alix de Bretagne cõme celle de Philip. I. de Môtfort, ce que ie trouue confirmé par l'Epitaphe de sa fille qui est cy-aprés.

Ce Bouchard eut trois enfans, à sçauoir Iean, Pierre, & vne fille, dont l'Epitaphe se void encor à l'Eglise des Mathurins de Paris, au milieu du chœur, selon du Breul en ses antiquitez de Paris. Elle est telle.

EPITAPHE DE IEANNE DE VENDOSME.

Cy gist, noble Damoiselle Ieanne de Vendosme, Dame de Brethancourt, fille de tres-noble Prince Monsieur Bouchard, iadis Comte de Vendosme, Seigneur de Castres, Et fille de tres-noble Dame Madame Alix de Bretagne. Priez pour ladite Damoiselle, que Dieu mercy luy face, laquelle trespassa l'an 1395. le 29. de Nouembre.

Selon Catel le susdit Bouchard eut encor vn autre fils que Desos fait succeder au Comté, mais il est manifeste par l'authorité de beaucoup d'Autheurs graues, & actes que ce fut Iean II. fils de Bouchard I. qui fut marié à Ieanne de Ponthieu, fille du Comte d'Aumale, & de Madame Catherine fille du Comte d'Artois, dont il eut Catherine de Vendosme, & Bouchard II. dit Bouchardel. Car selon vn vieux acte que i'ay veu, elle est dite Comtesse de Vendosme, & de Castres, & est dit qu'elle fut tutrice du Comte Bouchard son fils, qui mourut jeune, apres s'estre marié auec Isabeau de Bourbon, & en auoir eu Ieanne Comtesse de Vendosme & de Castres, qui fut sous la tutelle de Ieanne de Ponthieu son ayeule, & ne fut point mariée, & partant Catherine de Vendosme sa tante, fille de Iean II. fut Dame de Castres, & pendant que Ieanne qui auoit esté laissée au berceau vescut, Castres eut pour Gouuerneur, Philippe de Brueriis, selon Caseneuue.

M'estant tombées entre les mains les Epitaphes des susdites, Ieanne de Ponthieu, Ieanne de Vendosme, & Isabeau de Bourbon sa mere, ie croy qu'il ne sera pas hors de propos de les mettre dans ce chapitre. La premiere, à sçauoir, Ieanne de Ponthieu gist au Conuent des Iacobins de Paris, en basse sepulture, à main gauche prés du sepulchre de Clemēce seconde femme de Louys Hutin, suiuant le sieur du Breul en ses antiquitez de Paris, & autres Autheurs, auec cette inscription.

Epitaphe de Ieanne de Ponthieu.

Cy gist Madame Ieanne de Ponthieu Comtesse de Vendosme & de Castres, laquelle deceda en l'an 1376. le 30. iour de May.

Les autres deux gisent à l'Eglise S. George de Vendosme, & leurs inscriptions sont telles.

Epitaphe d'Isabeau de Bourbon.

Cy gist Madame Isabeau de Bourbon, Comtesse de Vendosme & de Castres, & Vicomtesse de Beaumont, fille de tres-haut & puissant Prince Iacques de Bourbon, Comte de Ponthieu & de la Marche, Conestable de France, & de Madame Ieanne de Sainct Paul, Comtesse des susdits Comtez, lequel Messire Iacques fut fils de tres-haut & puissant Prince Louys de Bourbon, nepueu de S. Louys en droite ligne, & de Madame Marie, fille du Comte de Heinaut, Duchesse de Bourbon, qui trespassa l'an 1400.

Epitaphe de Ieanne sa fille, au mesme lieu.

Cy gist aussi Madame I. de Vendosme Comtesse de Vendosme & de Castres, qui fut fille du dessusdit Comte, Monseigneur Bouchard, & à la susdite Comtesse, Madame Isabeau de Bourbon, qui trespassa l an de grace 1400 &c ......

Quand

de Castres, Liure premier. 41

Et quand à Iean, mary de Ieanne de Ponthieu, apres auoir esté racheté des Turcs par lesquels il auoit esté fait prisonnier en vne bataille où il fut auec l'Empereur Sigismond, il mourut l'an 1397. selon la Genealogie des Bourbons, de I. Montbeliard.

De la troisiesme branche des Comtes de Castres, à sçauoir de la maison de Bourbon.

CHAP. VI.

LE Comté de Castres vint à la Maison de Bourbon, par le moyen de Catherine de Vendosme, qui espousa Iean de Bourbon fils de Iacques.

Iacques de Bourbon, Comte de la Marche, & Ponthieu, Connestable de France, l'an 1341. estoit descendu de Sainct Louys. Il fut des principaux qui allerent à la guerre pour le Roy, en Picardie contre les Anglois l'an 1353. où il fut fait prisonnier, & mené en Angleterre. Ce Prince fut fort malheureux, car s'estant trouué en trois batailles, il fut blessé à la premiere, fait prisonnier à la seconde, & tué à la troisiesme, il fut mary de Ieanne de Laual, fille du Comte de Sainct Paul, Hugues de Chastillon, laquelle mourut l'an 1371. luy ayant laissé trois fils & vne fille. La fille fut Isabeau de Bourbon, qui eut deux marys, à sçauoir Louys Vicomte de Beaumont qui mourut l'an 1364. Et Bouchard de Vendosme d'où sortit Ieanne de Vendosme. Les trois fils furent, Iean, Iaques, & Pierre.

Pierre mourut auec son pere, au combat de Brignais pres de Lyon comme leurs Epitaphes le temoignent.

Epitaphe de Iacques de Bourbon, qui se void à Lyon dans l'Eglise des Freres Prescheurs, à la main droite du grand Autel.

Cy gist Messire Iacques de Bourbon, Comte de la Marche, qui mourut à Lyon de la bataille de Brignais qui fut l'an 1362. le Mecredy deuant les Rameaux.

Epitaphe de Pierre de Bourbon, fils dudit Iacques qui se void à Lyon, au mesme lieu que la precedente.

Item, cy gist, Messire Pierre de Bourbon, Comte de la Marche son fils, qui mourut à Lyon de cette mesme bataille l'an desusdit.

Ce qui fait voir l'erreur de Denis Sauuage sur Froissard, lors qu'il dit que cette mort fut l'an 361.

Le second fils de Iacques de Bourbon, fut Iacques, qui fut Seigneur de Preaux, & grand Bouteiller de France, il mourut à la Rochelle l'an 1422. ou il auoit suiuy le Roy Charles VII. il eut quatre fils de Marguerite de Preaux, à sçauoir, Louys, Pierre, Iacques & Charles.

Le premier fils de Iacques de Bourbon, fut Iean de Bourbon, vray Comte de Castres, car ce fut en sa faueur que le Roy Iean de Valois erigea Castres en vray Comté l'an 1356. & qui donna de Priuileges à la Ville de Castres és années 1359. & 1360.

Icy est à noter l'erreur du sieur Andoque, qui en son Histoire de Languedoc, fait ce Iean fils de Bouchard de Bourbon, quoy qu'il n'y ait iamais eu aucun Bouchard de Bourbon, mais bien de

Vendosme, (car encore ces deux maisons n'estoiet pas jointes) & reuerse ainsi toute cette histoire, mais les Epitaphes suiuantes le condamneront assez & ceux dont il a pris les memoires. Ainsi le Comte de Castres qui comprenoit depuis la riuiere de Tarn iusqu'à Agoult, tirant de Septentrion vers midy, commença heureusement par la Maison des Bourbons, ce qui sembloit augurer qu'il deuoit vn iour estre sous la domination des Roys de France, comme le Comte de Tolose le fust aussi, estant presagé par vne Fleur de Lys, qui selon Bertrand des Gestes de Tolose, & Castanen son Panegyrique du Languedoc, fut trouuée sur le Crane de Raymond XV. & dernier Comte de Tolose qui mourut, l'an 1253. & sa fille, & mary d'icelle estans morts, le Roy Philippe fils de Sainct Louys leur succeda l'an 1270.

Ce Iean de Bourbon, Comte de la Marche, & de Ponthieu, dont nous auons parlé cy-dessus, fut Connestable de France, l'an 1356. & accompagna Charles VI. contre les Flamans l'an 1387. s'estant auparauant marié, à sçauoir l'an 1364. auec Catherine de Vendosme, fille vnique de Iean Comte de Vendosme, & de Ieanne de Ponthieu sa femme issuë des Ducs de Normandie, & Comtes d'Anjou. Elle fut apres dite, Comtesse de la Marche, & de Castres, & Dame de Lusignan, d'Espernon, & Brethencourt, elle laissa trois fils & trois filles. Mais auant que ie passe à leurs enfans, voicy leurs Epitaphes, ils gisent à l'Eglise Sainct George de Vendosme en la Chappelle de S. Iean.

Epitaphe de Iean de Bourbon.

Cygist, tres-haut & tres-puissant Prince, Messire

Iean de Bourbon, iadis fils de tres-vaillant Seigneur Messire Iacques de Bourbon, & de Madame Ieanne de S. Paul sa femme, lequel Seigneur fut iadis Comte de Ponthieu, & de la Marche, & Connestable de France, & fils du fils de Monseigneur S. Louys, & fut son espouse Madame Marie, fille du Comte de Hainaut, lequel Messire Iean eut espousé, Madame Catherine, Comtesse de Vendosme, & de Castres, & fut Comte de Vendosme, de la Marche, & de Castres, Seigneur de Leuze, de Carency, de l'Escluse les Doüay, de Mont-signen Cembraille, de Lusignan en Narbonnois, d'Espernon, Brethencourt, Dutail, de Remalard, Fromalart, de Cailly, de Clairy & de Quideboeuf, & eurent plusieurs enfans lesdits Seigneur & Dame, lequel trespassa, l'an de grace 1393. le vnziesme iour de Iuin.

Epitaphe de sa femme, Catherine de Vendosme qui gist au mesme lieu.

Cy gist tres-haute & vertueuse, Dame Catherine, fille de tres-puissant Messire Iean Comte de Vendosme & de Castres, Seigneur de Lusignan, & de Brethencourt, & de noble Dame Ieanne de Ponthieu, lequel Monseigneur le Comte fut fils de tres-haut & puissant Seigneur Messire Bouchard, iadis Comte & Seigneur desdites terres, lequel fut fils du Comte Iean de Vendosme, & de Madame Alienor, fille du bon Comte de Montfort, lequel eut pour espouse Madame Alix, fille au grand Duc de Bretagne, & de la Reine d'Escosse, Et Madame Ieanne de Ponthieu dessus nommée fut fille du Comte d'Aumale, & de Madame Catherine fille du Comte d'Artois, laquelle Madame Catherine fut espouse de Monseigneur Iean de Bourbon Comte de la Marche, & de son heritage fut Comtesse de Vendosme, & de Castres, & Dame de Lusignan, d'Espernon & Brechencourt, du Tail, tromalert, de Cailly, de Clere, & Quidebœuf, qui tre-passale Vendredi premier jour d'A-vril 1411.

Les trois filles de Iean de Bourbon, & Catherine de Vendosme sont Marie, que Vigner, fait mal à propos fille de Iacques, Charlote femme de Iean ou Ianus Roy de Cypre l'an 1409. & Roy de Ierusalem, & Armenie, elle fut tres-belle & fut en Cypre l'an 1411. Monstrelet raporte que son parrin luy donna en faueur de ce mariage selon Iuuenal des Vrsins soixante mille escus d'or de dix-huict sols la piece, son mary mourut apres sa prison en Egypte l'an 1431. ayant laissé deux fils, & deux filles, & la troisiesme fille fut Anne de Bourbon femme de Iean Duc de Berry Comte de Monpensier, & en secondes nopces de Louys de Bauiere Comte Palatin, & du Rhin &c.

Les trois fils de Iean de Bourbon sont, le premier, Iean de Bourbon, Sieur de Carency & de l'Escluse, mary de Catherine d'Artois, & puis de Ieanne de Vendomois, dont il eut Louys, Iean, Pierre, Philippe, Marie, Ieanne, Catherine, Andriete, & Iacques Sieur d'Aubigny qui eut Charles & Iean,

Le second fils de Iean de Bourbon, est Louys Comte de Vendosme, qui fut fait prisonnier à Azincourt, & mis à cent mille escus de rançon, il eut deux fils, à sçauoir, Louys, & François, mary de Marie de Luxembourg, d'où sortirent, Louyse, Antoinette, Louys, François, & Charles Comte de Vendosme, mary de Françoise, fille de René Duc d'Alençon, desquels vindrent Louys, François, Charles, Iean & Antoine Duc de Vendosme mary de Ieanne d'Albret, d'où est venu Henry IV.

Le troisiesme & dernier fils de Iean de Bourbon, est Iacques de Bourbon qui fut second Comte de Castres. Il eut encore vn quatriesme fils, mais bastard, nommé Iean de Bourbon.

Iaques de Bourbon, Roy de Hongrie, Ierusalem, Sicile, & Naples, Comte de la Marche, Castres & Piedmont, fut mary premierement de Beatrix de Nauarre qu'il espousa à Pampelone l'an 1406. fille de Charles III, Roy de Nauarre, & non Catherine de Nauarre fille de Charles II. Comme a voulu dire Defos en son Liure des droicts du Comté de Castres, & de Beatrix de Nauarre il eut quatre filles, & entre autres Eleonor son aisnée, & Marie de Bourbon qui se fit Religieuse apres la mort de son pere. Apres il se maria en secondes nopces auec Ieanne seconde Reyne de Naples, de Ierusalem, Hongrie, Sicile, Dalmacie, Croatie, Rame, Seruie Gallicie, Lodomerie, Comanie, & Bulgarie, Comtesse de Prouence, Forcalquier & Piedmont, laquelle il espousa l'an 1415. le 18 Octobre au Chasteau Delouo prés de Naples suiuant l'acte authentique de son mariage qui est aux Archifs de Castres. Elle estoit fille de Charles III. dit de Duras, Roy de Sicile & Hongrie, & de Marguerite, Reyne de Sicile, selon Vigner. Il n'eut point d'enfans de cette Ieanne de Sicile, mais parce qu'ils s'estoient faits donatiō mutuelle, & qu'elle vint à predeceder, il fut son heritier & successeur ausdits Royaumes, on fit les hommages à ce Iacques despuis l'an 1418. iusqu'à l'an 1432. il fut fait prisonnier par les Turcs l'an 1396. à la bataille de Nicopolis, s'estant signade Castres, Liure premier. 47

é en cette bataille contre Bajazet, & ayant payé
vne grande rançon, il fut fait grand Chambellan
de France. Il mourut l'an 1438. & gist au Conuent
de Sainct François de Besançon (où il auoit donné
vne Chappelle,) auec cette inscription, suiuant
belle Forest, Chasslet in Vezuntio, & l'Autheur de
la vie de Saincte Colette, ce qui fut fait contre sa
volonté, car il auoit ordonné que son corps fut en
terre à Castres, au Conuent de S. François, & puis
tiré de là, & mis aux pieds de Saincte Collette en
quel lieu qu'elle mourut.

Epitaphe de Iacques de Bourbon Comte de Castres.

Cy gist Iacques de Bourbon tres-haut Prince, & excellent, de Hongrie, Ierusalem & Sicile, Roy tres-puissant, Comte de la Marche, & de Castres, & seigneur
d'autres païs, qui pour l'amour de Dieu, laissa freres, parens, & amis, & par deuotion entra en l'ordre de Sainct
François, auquel il trespassa le 24. iour de Septembre
an 1438. Priez pour son ame deuotement.

Sa femme Ieanne gist à Naples, ayant vescu 65.
ans, & regné 20. & demy estant morte l'an 1435.
apres auoir causé mille trauerses à son mary, & fait
la guerre contre luy, pour auoir changé d'inclinations.

Iacques de Bourbon estoit appellé Roy de Ierusalem, parce que tous les Roys de Naples se disoiét
Roys de Ierusalem, à cause que Iean Comte de
Brennes Roy de Ierusalem, maria sa fille Yolante
auec Frederic Roy de Naples & luy donna tous
es droicts au Royaume de Ierusalem, selon Pau-
lulphus Collenutius en son Histoire de Naples, &
'est la cause pour laquelle le Roy de France qui a
esté successeur des Comtes de Castres, à des

justes pretentions sur le Royaume de Naples & de Sicile.

De la quatriesme branche des Comtes de Castres, à sçauoir de la maison d'Armagnac.

Chap. IX.

Eleonor fille de Iacques de Bourbon, & de Beatrix de Nauarre, fut mariée à Bernard d'Armagnac Comte de Perdriac, Vicomte de çarlat, Murat, & Conestable de France, il fut Comte de Castres par le moyen de sa femme, & en receut les hommages l'an 1434. & donna de priuileges à la Ville de Castres l'an 1438. il eut deux fils de susdite femme, à sçauoir, Iean, qui fut Euesque de Castres, & Iacques d'Armagnac, qui luy succeda au Comté.

Iacques d'Armagnac, Duc de Nemours, Comte de Perdriac, çarlat, Murat, sainct Florentin, de la Marche, & de Castres, espousa l'an 1459. Charlote que d'autres appellent Louyse fille de Charles d'Aniou, Comte de Maine, & Duc de Nemours.

Il eut trois fils, & trois filles, les filles sont, Catherine femme de Iean second. Duc de Bourbon, Charlote d'Armagnac femme de Charles de Rohan sieur de Gié, qui mourut sans enfans, & Marguerite femme de Pierre de Rohan sieur de Gié Mareschal de France, léquel fut aussi sans enfans, les fils de Iacques d'Armagnac furent, Iean, Louys & Iacques, Iean fut mary d'Yoland de la haye, & n'eut point d'enfans, il fut dit Duc de Nemours

Comte de Rhodés, Armagnac, Castres, &c. sa femme se remaria à Pierre d'Armagnac Comte de l'Isle Iourdain, Louys fut dit Duc de Nemours & Viceroy de Naples, ou il mourut sans estre marié l'an 1503.

Le susdit Iacques d'Armagnac, Comte de Castres leur pere, ayant esté souvent pardonné pour crimes de leze Maiesté, eut enfin la teste tranchée, & son Comté de Castres fut confisqué au Roy Louys XI. & donné à Bouttil de Iuges, dont sa femme mourut de tristesse en enfantant.

Ce Iacques d'Armagnac fut assiegé par Pierre de Bourbon Seigneur de Beauieu (qui auoit commission du Roy pour le prendre) dans son Chasteau de çarlat qui estoit imprenable, mais ledit Beauieu luy ayant fait esperer sa grace, il fut mené à Paris, condamné à confiscation de corps & biens, & executé à mort en public aux Hales de Paris selon Dupleix en son Histoire de France l'an 1477. & Louys XI. cassa plusieurs Officiers qui n'auoiët pas voulu assister à son iugement le croyans innocent, & mesme Philippe de Comines asseure que le Roy se repentit par apres de l'auoir fait mourir, son corps gist aux Cordeliers de Paris, selon les Croniques abregées de France, mais on ne luy mit point d'Epitaphe, parce qu'il est deffendu, d'en mettre à ceux qui sont morts criminels de leze Maiesté.

De la cinquiesme & derniere branche des Comtes de Castres, à sçauoir de la maison de Iuges.

CHAP. X.

Nous auons dit cy-dessus comme apres la mort de Iacques d'Armagnac, le Roy Louys XI. fit don du Comté de Castres l'an 1477. tant pour luy que ses enfans masles, à Bosfiglio de Iuges, Cheualier, Chambelan du Roy & son Lieutenant aux Comitez de Roussillon & Sardagne.

Ce Boussil selon Collenutius en son Histoire de Naples, estoit vn Seigneur Italien venu au seruice du Roy de France Louys XI. qui l'employa auec grandes promesses & prieres contre le Roy d'Espagne, & en fut si bien seruy qu'il acquist par sa vaillance le Comté de Roussillon, à cause dequoy le Roy ayant esgard à ce qu'il auoit esté priué de ses biens en Italie, pour s'estre rengé du parti de France, luy bailla en don & recompence le Comté de Castres pour lequel il fit hommage au Roy, d'vne coupe d'argēt doré du poids de deux marcs, payable au Tresorier de la Seneschaussée de Carcassonne à chaque mutation de Seigneur. On fit les hommages l'an 1480. audit Comte Boussil. Il estoit issu de l'ancienne famille des Surgiens, qui s'estant retirée iadis en Sicile à cause de la haine des Romains contre elle y edifia vne Ville qui se vo·d encore à present, cette famille estoit si considerable que par son aide, l'Empereur Barberousse obtint vne victoire fort signalée côtre ses ennemis,

Il fut marié auec Marie d'Albret, cousine du Roy de France, & sœur d'Alain d'Albret, pour la dot de laquelle luy fut constituée la Seigneurie de Roquecourbe, & trente mil liures de rente, de ce mariage vint vne fille, nômée Louyse de Iuges, laquelle sa mere maria contre le gré de son pere auec Iean Cadet de Monferrand, mais pour les ingratitudes de sa femme & fille, il les desherita & donna le Coté à Alain d'Albret son beaufrere, qui se qualifie Comte de Dreux, de Castres, de Gaure, de Panthieure, & Perigort, Vicomte de Limoges, & Tartas, & Seigneur d'Auesnes, il donna de priuileges l'an 1499.

On tient que le susdit Bousfil se tenoit au Chasteau de Lombers, & sa femme à celuy de Roquecourbe, & qu'ils eurent guerre ensemble.

Outre la susdite Louyse il eut aussi vn bastard nommé François de Iuges, auquel il donna quatre Baronies & plusieurs autres biens.

En fin ledit Bousfil apres auoir iouy vingt ans du Comté de Castres, mourut sans enfans masles legitimes, & ainsi le Comté de Castres reuint à la Couronne de France, & y est demeuré iusques au iour present.

Outre les Seigneurs, & Comtes de Castres, on trouue de memoires des Ducs, Barons, & Vicomtes de Castres, mais il faut considerer comme a remarqué fort bien Catel, que les anciens vsurpoient indifferemment les noms de Duc, Marquis, Comte &c. ainsi à Tolose les Marquis de Gothie estoient les Roys des Goths, comme on peut voir dans le Liure qu'en a composé Monsieur Alphonse d'Elbene Euesque d'Alby. Et par ainsi l'Histoire des

G 2

Comtes de Castres demeure fort bien esclaircie, ce qui estoit tres-necessaire audit Comité, comme estant vn des plus considerables de France.

Des Blasons des Seigneurs & Comtes de Castres, & des maisons qui leur sont alliées.

CHAP. XI.

Ayant iugé que ce seroit vn trauail curieux & mesmes vtile, si ie pouuois recouurer les blasons & armes de ces anciennes familles dont i'ay parlé au Chapitre precedent, i'ay cherché dans beaucoup de Liures curieux qui ont traicté de ces matieres, & en ayant trouué quelque chose i'ay voulu l'inserer icy, afin de n'en priuer point ceux qui en peuuent tirer de l'vtilité.

De la premiere lignée des Comtes ou Seigneurs de Castres.

Les armes de Montfort, selon le Cesar armorial sont d'argent au chef de gueules, & selon Andoque en son Histoire de Languedoc, vne Croix d'hermines ancrée & gringalée d'or, cét à dire dont les bouts se terminent en testes de serpents. Celles de Licestre sont de gueules à vne quinte-fueille d'hermines.

Amaury frere de Simon de Montfort portoit de gueules au Lyon d'argent à la queue fourchée.

Ieanne de Nauarre, femme de Iean de Montfort, comte de Castres, portoit party de Nauarre, qui est de gueules au rais d'Escarboucles, pomelé d'or, & le reste d'hermines.

de Castres, Liure premier.

De la seconde lignée des Comtes de Castres.

La maison de Vendosme portoit anciennement d'argent au chef de gueules à vn Lyon d'azur, armé & lampassé d'or brochant sur le tout.

Bouchard portoit d'argent, à la Croix de gueules, cantonée de quatre coquilles de mesme selon le Cesar armorial. Catherine de Vendosme portoit l'escu party, ayant d'azur à 6. fleurs de lys d'or, en chacun.

De la troisiesme lignée des Comtes de Castres.

Bourbon Preaux porte party de Preaux qui est de gueules à l'aigle d'or.

Beaumont le Vicomte, d'azur au Lyon d'or semé de fleurs de lys d'or, parti de Bourbon la Marche.

Iean de Bourbon Comte de la Marche porte selon aucuns, escartelé, au premier, & quatriesme, de France, à la bande de gueules, chargée de trois lionceaux d'argent, au second, & troisiesme, vn Lyon rampant, de gueules, à la queuë fourchuë.

Selon d'autres il porte d'azur. à six fleurs de lys d'or, & encor selon d'autres vn Lyon, mais ie me tiens à la premiere opinion.

Car selon saincte Marthe, Bourbon la Marche porte semé de France au baston de gueules, pery en bande, chargé de trois Lyons d'argent, ce qui se raporte assez l'vn à l'autre.

Chastillon, sainct Paul, porte de gueules à trois paux de vair, au chef d'or, chargé d'vne fleur de lys de sable, au pied coupé pour brisure, & non comme a dit Iean le Feron, au catalogue des Conestables.

Bourbon Vendosme portoit d'azur à trois fleurs

de lys d'or, au baston pery en bande, chargé de trois lionceaux d'argent selon le Cesar armorial.

Charlote de Bourbon femme du Roy de Cypre portoit escartelé au premier & 4. de Ierusalem, qui est d'argent à la Croix potencée d'or, au second & troisiesme burelé d'argent & d'azur au Lyō de gueules brochant sur le tout qui est Cypre, party de Bourbon la Marche. Anne de Bourbon mariée à Iean de Berry portoit semé de France à la bordure engrelée de gueules, parti de Bourbon la Marche.

Iean de Bourbon sieur de Carency, portoit d'azur à trois fleurs de lys d'or, au baston de gueules pery en bande, chargé de trois Lyons d'argent, à la bordure de gueules. Ieanne de Sicile femme de Iacques de Bourbon, portoit tiercé, le premier facé d'argent & de gueules de huict pieces, qui est Hongrie, le second d'azur semé de fleurs de lys d'or au lambel de trois pieces de gueules qui est Aniou Sicile, le troisiesme d'argent à la Croix potencée d'or, accompagnée de quatre croisetes de mesme qui est Ierusalem.

De la quatriesme lignée des Comtes de Castres.

Les armes de Nemours, sont de Sauoye, c'et à dire de gueules à la Croix d'Argent, & la bordure engrelée d'azur.

Les enfans de Catherine d'Armagnac portoient escartelé, au premier, & quatriesme, d'argent au Lyon de gueules au 2 & 3. de pourpre au Leopard liōne d'or, & selō d'autres de gueules au Lyon d'or.

De la derniere lignée des Comtes de Castres.

Albret portoit l'escu plein de gueules l'an 1250.

Des Euesques de Castres, selon le Necrologue de la Char-treuse de Castres, & de S. Sernin de Tolose, les Vieux actes, & les Autheurs, à sçauoir Robertus de Gallia Christiana, Chenu des Euesques, Catel, & autres.

CHAP. XII.

L'Euesché de Castres fut separé de celuy d'Alby qui depend de l'Archeuesché & Patriarchat de Bourges, car le Pape Iean XXII. l'an 1317. erigea Castres en Euesché & Cité, le desmembrant du susdit qu'il diuisa en deux, & non en trois comme quelques vns ont voulu dire, mais ils trouueront leur erreur refuté dans Chenu en son Liure des Euesques, & en mesme temps le susdit Pape institua vn Chapitre en l'Eglise de Sainct Pierre à Burlats, le tout fut fait suiuant sa Bulle de l'an 1316. donnée en Auignon.

1. Le premier Euesque de Castres fut le dernier des Abbez de l'Abbaye de Sainct Benoist, dont il a esté parlé cy-dessus, à sçauoir *Deodatus, Seueratus, Deus dedit*, ou Dieu donné, que le susdit Pape crea Euesque l'an 1317. il mourut l'an 1327. cettuy-cy fonda vn College, pour entretenir douze pauures prés de l'Eglise Cathedrale, dont le Maistre s'appelloit Raymond Azays.

2. *Deodatus, Abbas Latiniacensis*, dit Daudé, fut le second Euesque, mais il tint peu le siege.

3. *Amelius*, qui en fut dés l'an 1328. iusqu'à l'an 1335. auoit esté Abbé de S. Sernin de Tolose, il

mourut en Nouembre, suiuant le Martyrologe de Sainct Sernin, qui parlant de luy, dit, *Obiit Æmelius Abbas sancti Saturnini qui fuit Episcopus Castrensis.*

4. Iean d'Armagnac en fut l'an 1339. & 1341. suiuant les actes anciens.

5. Estienne en fut Euesque l'an 1353. sous le Pape Innocent VI.

Mre M.^tre G. de Masnau, Conseiller au Parlement de Tolose, homme curieux & sçauant, m'a communiqué l'Epitaphe de cét Estienne qui se voyoit anciennement à l'Eglise de Sainct Benoist de Castres, dans le chœur à main droicte du grand Autel, en ces termes.

Epitaphe d'Estienne Euesques de Castres.

Ego Stephanus de Abauo, humilis Ecclesiæ Castrensis Episcopus, hoc conditus tumulo obdormio in Domino. Scio quod Christus à mortuis resurrexit & credo quod resurrecturus sum in nouissimo die, hanc docui viuendo & mortuus hanc ipsam profiteor.

6. Pierre en fut Euesque iusqu'à l'an 1365.

7. Raymond *de Sancta Gemma*, qui mourut le 7. Septembre 1374. suiuant le Necrologue des Chartreux de Castres, qui dit:

Obiit. 5. Decembris, anni 1374. Dominus Raymundus de Sancta Gemma Episcopus Castrensis, qui dedit pro initio Ecclesiæ nostræ mille Florenos, & volebat eam consummare solemniter, nisi fuisset morte præuentus.

8. Helie de Randam ou Radem, qui en estoit l'an 1377. & 1380. sous les regnes de Charles V. & VI.

9. Helie second, de douzenaco, duquel le susdit necrolo-

de Castres, Livre premier.

necrologue, dit, *obiit 30. Maii 1383. Dominicus Helias de Douzenaco, Episcopus Castrensis, qui dedit nobis semel 40. Francos.*

10. Guido, en fut vn an seulement, à sçauoir iusqu'au 30. de May 1384.

11. Deodatus III. qui mourut l'an 1388.

12. Iean II. d'Armagnac, eu fut l'an 1389. sous le regne de Charles VI.

13. Iean III. de Digna, en fut l'an 1398. sous le mesme Roy de France.

14. Iean IV. d'Armagnac en estoit l'an 1407.

15. Iean V. Engardus, dont le susdit Calendrier des Chartreux parle en cette sorte. *obiit 27. Maii Dominus Ioannes Engardus, Episcopus Castrensis, qui fecit consummare caput Ecclesiæ nostræ, & dedit centum scuta auri pro lignis chori, & multas alias pecunias expendit in opere Ecclesiæ, vltra mille francos fortis monetæ, & nisi ipse fuisset, Ecclesia nostra concamerata non fuisset præter caput tantum.*

16. Iean VI. Engardus, nepueu du susdit, suiuant le mesme Calendrier estoit nepueu du susdit, & fut destiné pour son successeur.

17. Emeric *Natalis*, fut Euesque de Castres l'an 1419. & ayant tenu six ans le siege, mourut l'an 1425. il auoit esté auparauant Abbé de S. Sernin de Tolose, & fut apres Euesque de Condom, & enfin de Castres, il mourut en Octobre, selon le necrologue ou Martyrologe de S. Sernin, qui parle de luy en ces termes, *Obiit Dominus Aymericus Natalis Abbas, sancti Saturnini, primo Episcopus Condomiensis, postea Castrensis, & referendarius Domini nostri Papæ.*

18. *Raymundus* II. *Mayrosius*, Euesque de sainct Paul en Tricastin, fut fait apres Euesque de Ca-

H

stres, il fut fait Cardinal, selon Ciaconius, par Martin III. l'an 1426 & mourut à Rome l'an 1427. & le 22. d'Octobre, ce qui est conforme a son Epitaphe qui se void encore à Rome en ces termes.

Ego sū Raymūdus Mayrosius, tit. S. Praxedis Presbiter, Card. Castrensis vulgò nuncupatus, hæc est requies mea vsque in finem sæculi, hic habitabo quoniam eligi eam, orate pro me fratres. anno 1427. die 22. Octobris obii.

19. Iean VII. qui en fut la mesme année, apres auoir esté Confesseur de Charles VII. & en fin Cardinal, de par Fœlix V. l'an 1440. au Concile de Basle. J'estime que c'est celuy qui dans les Archifs du Chap. de Castres, est appellé Iean Amardy.

20. Pierre II. surnommé *Cotinius* en fut depuis l'an 1427. iusqu'à l'an 1432. & fut Nonce du Pape Martin V. vers le Roy de Castille, pour le diuertir d'vn schisme auquel il sembloit encliner.

21. *Geraldus Marietus* ou Geraud Maiet ou Marietou, en fut depuis l'an 1433. iusqu'à l'an 1448, car ayant tenu le siege 16. ans, il mourut le 7. Iuillet 1448. ayant esté Confesseur de Charles VII.

22. Monald ou Manald en fut l'an 1451. & mourut selon le susdit necrologue, le 7. Aoust 1460.

23. Iean VIII. d'Armagnac, frere de Iacques d'Armagnac, Comte de Castres fut admis en ieune aage à l'Euesché, il fut garde du Conclaue en la creation du Pape Innocent VIII. & tint le siege iusqu'à l'année 1490. en laquelle il mourut.

24. Cesar à Borgia, fut Euesque de Castres l'an 1494. mais il quita tost apres l'Euesché.

25. Charles de Martigny luy succeda, & commença l'an 1495.

Il fut Ambassadeur de Charles VIII. & Louys

de Castres, Livre premier.

XII. & ayant tenu 14. ans le siege Episcopal, le ceda en faueur de son cousin Iean, & non de Pierre, comme d'autres ont voulu dire contre la verité des actes.

26. Iean IX. de Martigny en fut iusqu'à l'an 1518.

27. Pierre III. de Martigny en fut depuis l'an 1519. iusqu'à l'an 1528. il estoit frere du susdit Charles, & de Reginaldus Euesque de Vabre, & auoit esté Abbé de Ferrare, auant qu'estre Euesque de Castres, il choisit vn successeur de sa famille, à sçauoir Charles.

28. Charles II. de Martigny, fut Euesque de Castres, l'an 1528. mais pour fort peu de temps.

29. Iacques de Tournon, issu de la celebre Maison de Tournon, commença à en estre Euesque l'an 1531. & n'en fut que pendant quatre années, ayant quité le siege, pour estre Euesque de Valence. Il mourut le 15. Aoust 1553. pendant son Episcopat il fit secularifer les Chanoines de S. Benoist & leur fit quitter l'habit de Chan. reguliers qu'ils portoient, par la Bulle qu'il obtint le 7. Iuillet 1531.

30. Antoine de Vesco, en fut l'an 1535. ayant eu cet Euesché par eschange de son Euesché de Valence, auec l'Euesque precedent, il fut Euesque de Castres pendant 16. ans, & mourut l'an 1551.

31. Claude d'Oraison, sorty de l'illustre Maison des Marquis d'Oraison en Prouence, en fut l'an 1551. Il fut à l'assemblée des Estats Generaux tenus à Blois, l'an 1577. & mourut l'an 1583.

32. Charles III. de Lorraine, fut apres Euesque de Castres, & tost apres fut fait Cardinal.

33. Iean X. de Fosse, natif de Tolose, & Theologien de Paris, fut fait Euesque de Castres, l'an 1584. il fit rebastir l'Eglise de S. Benoist, en memoire dequoy il fit mettre sur la porte de ladite Eglise, l'inscription suiuante en marbre noir.

D. O. M.

Anno sal. 1630. Ludouici iusti 20. Ioan. de Fosse Theol. Paris. & Episcopus Castrensis. anno ætatis 76. sedis. 47. Ædem hanc instaurandam curauit sub D. benedicti nomine, sui in Deum atque in gregem suum animi, perenne monumentum

Il mourut le 13. de May 1632. en vn aage auquel il pouuoit estre dit le Doyen des Euesques de toute la Chrestienté.

Il voulut estre enterré dans le chœur de ladite Eglise Cathedrale de Castres, & non à Tolose ou il s'estoit fait preparer vn autre sepulchre. On voit l'Epitaphe suiuante sur son tombeau de Castres où il gist. *Ioannes de Fossé, patria Tolosas, Parisiensis Theologus, Episcopus Castrensis, conditionis humanæ memor, fatique sui verè Conscius, hoc alterum sibi monumentum, viuens destinauit, sub eo carnis resurrectionem expectaturus, obiit 3. idus Maii, anno salutis 1632. ætatis 79. sedis 49. tamdiu, & tam bene vixe viator, & ora vt anima eius in pace requiescat. Amen.*

Balthasar de Budos, Euesque d'Augustopolis qui auoit esté fait Coadiuteur du susdit Euesque l'an 1616. fut apres sacré Euesque d'Agde, & ainsi se despartit de sa future succession à l'Euesché de Castres en faueur du suiuant.

34. Iean II. de Fossé nepueu du precedēt, & Conseiller Clerc au Parlement de Tolose, tient à pre-

de Castres, Livre Premier. 61

sé le siege Episcopal, auquel par sa probité, sçauoir, & merite, il ne donne pas moins de lustre que tous ses predecesseurs. il fut creé Euesque de Coronée l'an 1628. en Mars, & fut sacré Euesque de Castres dans la Chartreuse de Tolose le 13. May 1632. iour du decez de son oncle.

Des Gouuerneurs de Castres.

Chap. XIII.

La Ville de Castres ayant esté tousiours en grande consideration, a esté la demeure de plusieurs grands Seigneurs, & entre autres de Monsieur le Duc de Rohan, qui s'y tenoit ordinairement, & ou il luy nasquit vne fille.

En apres il y a eu beaucoup de Gouuerneurs de grande maison comme les noms suiuans le pourront tesmoigner.

L'an 1562. noble Guillaume de Guillot Seigneur de Ferrieres en fut Gouuerneur, il mourut l'an 1575. dans la Ville de Castres.

L'an 1563. Monsieur d'Ampuille, & apres luy Monsieur F. des Voisins, Seign. d'Ambres. Monsieur de la Valete. Monsieur Emeric. Monsieur de Barauuant & Monsieur de sainct Martin. apres lesquels en furent l'an 1568. Mr de Boisseson. l'an 1569. Mr de Biron. Mr de Montgomery. l'an 1570. Monsieur de Reyne. l'an 1572. Monsieur de la Crousete, homme de grande conduite, & qui s'est trouué en beaucoup d'emplois honorables comme on peut voir dans Monluc qui l'appelle le sac

H 3

tonū, il estoit Mareschal de cāp de Monsieur d'Ampuille, & fut enuoyé en Guienne pour s'opposer à Monsieur de Montgomery) l'an 1573. Monsieur de Montberaut. l'an 1574. Monsieur de sainct Felix. Monsieur de Paulin. Monsieur de Bouillon, Vicomte de Turene. l'an 1588. Monsieur de Ventigny. l'an 1592. Monsieur de Chābaut. & apres eux, Monsieur de Clermont d'Amboise. Monsieur du Crusel, Monsieur de Malause. Monsieur de Lusignan, & Monsieur Hondredieu de Chabagnac.

De l'estat auquel est à present la Ville de Castres.

CHAP. XIV.

Bien que la Ville de Castres ait esté fort desertée par la mort de six mille personnes que la peste de l'an 1629. emporta, elle est à present autant populeuse, qu'elle ait iamais esté.

Elle est ornée de plusieurs beaux bastimens, entre lesquels tiennent les premiers rangs, ceux de Monsieur de Rozel, Aduocat du Roy, & celuy de Monsieur Oulez, à present de Monsieur de la Barthe.

Il y a en outre deux ponts, dont l'vn dit le vieux est fort ancien, & pour l'autre dit le neuf, ie trouue qu'il estoit fait l'an 1484. & qu'il fut reparé l'an 1568. apres qu'vne grande inondation l'eut descouuert.

Il y a de plus vn tres-beau College, qui fut basty l'an 1576. en la maison que Monsieur de Luques donna, ce que tesmoigne ce distique, qu'on y lisoit autresfois sur vne Pierre.

de Castres, Livre premier.

*Ædibus his, sacram donauit pallada, Lucas,
Quæ doctis cunctis, pauperibusque patent.*

Cette Ville est aussi enuironnée d'vne muraille sur laquelle l'an 1577. on fit vn couuert sous lequel on trouue en toute saison vne promenade tres-agreable, bordée de iardins de tous costez.

Mais il y a vn promenoir encore plus delicieux à la place qui fut complantée d'Ormeaux par le soin de Monsieur de Bouillō au mesme lieu qu'estoit l'Abbaye S. Benoist, & ce qui rend encore ce lieu plus agreable, est la riuiere, sur le bord de laquelle il est situé.

En apres il y a plusieurs clochers, mais le plus beau de tous, dit, de la Platé, fut abatu par la foudre l'an 1622. qui ayant mis le feu aux munitions de guerre qui y estoient, en fit voler de tres-grands quartiers non seulement par toute la Ville, mais aussi bien loin au dehors, sous ce fracas furent trouuées douze personnes de mortes.

A la place de S. Vincent, y en a vn autre qui fut rebasty l'an 1598. sur les masures du vieux, que la foudre auoit aussi abbatu, il estoit fort ancien cōme on peut iuger par les ouurages Mosaiques, & autres figures qui se voyent encore sur ce qui reste de l'ancien clocher.

Outre ces deux clochers, il y en a quatre autres à sçauoir, celuy de S. Iacques, à Ville-goudon, celuy des Ormeaux, qui est vne tour de l'ancienne Abbaye, celuy des Cordeliers (qui sont tous trois anciens) & le clocher de la Maison de Ville qui fut basty l'an 1633. estans Consuls, Maistre Antoine Denic, & Pierre Condomy Aduocats, Pierre Chauleron Notaire Royal, & Iean Boyer aussi Notaire

64 *Les antiquitez de la Ville*

Royal , & Greffier hereditaire du domaine du R[o]
au Comté de Castres.

Si quelqu'vn desire sçauoir l'estat auquel esto[it]
cette Ville, du temps qu'elle estoit fortifiée , il [le]
pourra voir dans la planche de taille douce que [le]
Sieur Iean Bertrand Architecte, en donna au public. On auoit extremement reussi à la fortifier
on asseure qu'il y auoit peu de Villes en France q[ui]
fussent plus fortes. Monsieur le Duc de Boüillon
estant Gouuerneur, auoit fait faire vne partie d[e]
ces fortifications, & Monsieur le Duc de Rohan, l[e]
fit acheuer, parce qu'il y auoit estably sa demeur[e]
& son Arcenal (qui estoit, là où sont à present le[s]
Capucins) sous la direction du Sieur I. I. de l[a]
Pierre , grand Maistre de son Artillerie.

Fin du premier Liure.

LES ANTIQVITEZ, ET RARETEZ, DE LA VILLE, ET COMTE' DE CASTRES D'ALBIGEOIS.

LIVRE SECOND.

A MESSIEVRS,
MESSIEVRS LES CONSVLS de la Ville de Castres.

Maistre IEAN DVLIN, *Aduocat en la Cour, & Chambre de l'Edit.*
Maistre ANTOINE DE NICOLAS, *Aduocat en ladite Cour.*
IEAN IOVGLA *Procureur en icelle.*
Et IACQVES BAVDECOVRT, *Marchand.*

MESSIEVRS,

La Patrie a ie ne sçay quels charmes, & qu'elles naturelles douceurs, qui font qu'on ne peut iamais l'oublier, & comme a tres-bien dit vn Poëte.

Nescio, qua natale solum dulcedine, cunctos,
Ducit, & immemores nõ sinit esse sui.

C'est cette affection pour ma patrie, qui ma porté à faire tous mes efforts, pour tascher de deterrer le memoires de ses antiquitez, qui s'e alloient desia estre enseuelies par le tenebres de l'oubly. J'aduoüe qu i'ay beaucoup entrepris, & que c n'est pas vn petit ouurage, de vou loir donner de la lumiere aux cho ses obscures, de la cognoissance au. incognuës, la nouueauté aux anciennes, & la vie à celles qui son estouffées. Mais apres auoir souuent consideré que la plus part de autres Villes auoient trouué des Escriuains pour releuer leur merite, & que personne ne se presentoit qui daignast trauailler pour la nostre, cette grande affection que i'ay pour elle m'a fait surmonter toutes ces difficultez, & la peine de foüiller dans vn grand nombre d'Autheurs, & dans beaucoup de manuscripts, archifs, registres, & actes anciens ne m'en a peu diuertir. Et si i'en eusse vsé autrement, i'eusse estimé,

ue comme ceux qui ont trahi leur
atrie, ont esté vexez par des Phantosmes, qu'vn perpetuel remors de conscience m'auroit tourmenté comme tres-coupable, puis qu'ayant eu ces inclinations, & ces cognoissances, & luy estant obligé par la vie & le deuoir, ie l'aurois trahie par mon silence. Toutes ces reflexions (MESSIEVRS) ont fait effort dans mon ame, & m'ont fait entreprendre de donner au public, non seulement le premier Liure de cét ouurage, mais encore d'y en adiouster ce second en vostre faueur, duquel ie vous supplie de vouloir prendre la protection, quoy qu'il ne soit pas digne de vous, mais receuez le, dans l'attente d'vn second volume plus curieux encore que cestuy-cy, duquel ie pretends de vous faire bien-tost present, i'aurois mesme desiré d'auoir peu vous le presenter maintenant, mais le deffaut de quel-

ques memoires qui m'y sont necessaires, & de quelques planches dont ie desire de l'enrichir, comme de celle du Diocese, & de celles des armes, & portraits des Côtes de Castres m'en ont fait differer l'Impression. C'est à vous donc (MESSIEVRS) que ie m'adresse, pour vous coniurer de vouloir proteger ce traicté que i'ay composé en l'honneur de nostre commune Patrie. Les grands soins que vous auez de sa conseruation, & de sa gloire, me font esperer que vous ne luy refuserez point vostre assistance en cette occurrēce, & que vous ferez paroistre que vous estes veritablement ses enfans. C'est ce que desiroit de vous representer.

MESSIEVRS,

Vostre tres-humble, & tres-obeissant seruiteur.
PIERRE BOREL.

Table des Chapitres du Livre second.

Chapitre 1. des Conuents, & Eglises, tant anciennes que modernes de la Ville de Castres, & de leurs fondations, tombeaux, & Epitaphes considerables, le tout selon les vieux manuscrits, actes, & archifs de ladite Ville, desdits Conuents, & d'ailleurs. page 1.

Chap. 2. Noms de tous ceux qui ont esté Ministres dans Castres. pag. 17.

Chap. 3. De la Chambre de l'Edict, seante à Castres. page 19.

Chap. 4. De la noblesse de Castres, & de ses seneschaux, Iuges ordinaires, & Iuges d'Appeaux. pag. 21.

Chap. 5. Les Genealogies de 8. illustres maisons, dont il a esté parlé au Chap. precedent, asçauoir, de Malause, de Bieule, de Monifa, & S. Germier, de Bayard de Noël, Seigneur de la Crosete, de Saisse, Bretes, & Boussard. pag. 27.

Chap. 6. Des armoiries de la susdite noblesse. pag. 40.

Chap. 7. Des hommes illustres, qui rendent Castres recommandable, pour y estre nais, ou à ses enuirons, ou pour y auoir passé la pluspart de leur vie. pag. 41.

Chap. 8. des moeurs & religion des habitans de Castres, auec quelques Epitaphes anciennes. pag. 46.

Chap. 9. Des coustumes, & priuileges de la Ville de Castres. pag. 48.

Chap. 10. De l'augmentation de la Ville de Castres, & des noms de ses rues, portes, & gaches. pag. 50.

Chap. 11. du Consulat de Castres, de ses Confronts, & limites, & de ses Parroisses. pag. 56.

Chap. 12. Des lieux qui dependent du Diocese de Castres, auec quelques curiositez de quelques vns d'iceux. pag. 58.

Chap. 13. Des lieux qui sont des appartenances du Comté de Castres. pag. 60.

Chap. 14. des rivieres & fontaines de Castres, &
 leurs noms, & raretez. pag. 6?
Chap. 15. Des pierres, & autres mineraux du terro:
 de Castres, & des merueilles d'iceux, & particuliere
 ment du roc qui tremble, & des priapolites. pag. 6
Chap. 16. Des plantes rares du terroir de Castres, &
 autres raretez des vegetaux qui y sont. pag. 73
Chap. 17. Des animaux qui se trouuent à Castres. 7
Chap. 18. Des monstres & choses prodigieuses, & remar
 quables arriuées à Castres, ou és enuirons. pag. 80
Chap. 19. des Propheties de Nostradamus, & Larriuey
 touchant la Ville de Castres. pag. 86
Chap. 20. des accidens notables, comme prises & destru
 ctions de Villes, & Chasteaux des enuirons de Castre:
 & autres choses remarquables, rangees par ordre Cr:
 logique. pag. 8?
Chap. 21. Des lieux qui sont a l'entour de la Ville d
 Castres à 3. ou 4. lieuës à la ronde. pag. 9'
Chap. 22. Appendice, contenant plusieurs choses remar
 quables, qui auoient esté obmises dans les deux Liure
 des antiquitez de la Ville de Castres. pag. 101
Recueil des inscriptions Romaines, & autres antiquité
 du Languedoc, & Prouence, qui n'auoient point es
 encore imprimees. pag. 108
Roolle des principaux cabinets curieux, & autres cho:
 remarquables qui se voyent es principales villes d
 l'Europe, redigé par ordre alphabetique. pag. 1:
Le Catalogue des choses rares qui sont dans le cabinet
 Me. Pierre Borel, Medecin, auec ses augmentations d
 puis la premiere Edition. 1ʒ:

LIVRE SECOND.

Des Conuents, & Eglises tant anciennes que modernes de la Ville de Castres, de leurs fondations, tombeaux, & Epitaphes considerables, le tout selon les vieux manuscrits, actes, & archifs de la Ville, desdits Conuents, & d'ailleurs.

CHAPITRE PREMIER.

Du Monastere de Sainct Benoist.

Ien qu'il y aye à present de somptueux edifices dans cette Ville, elle n'a peu pourtant se remetre à tel point que les bastimens qui y estoiêt anciennement ne surpassent de beaucoup tout ce qui si void auiourd'huy, car l'ancien monastere de sainct Benoist (duquel nous auons fait vn Chap. exprez ailleurs) qui estoit la où sont à present les Ormeaux, estoit des plus superbes de France, & orné d'vne Bibliotheque si belle qu'il y auoit onze mil trois cens vingt-deux volumes, c'est à dire manuscrits, veu que c'estoit auant que l'Art de l'Imprimerie fut inuenté, elle fut bruslée par le feu l'an 1082. qui si print auec vne telle violence qu'on n'en peut sauuer aucun Liure.

Il y auoit en cette mesme Abbaye beaucoup de

belles tours, & vn portal si rare en sa grandeur & en son ouurage, qu'on le mettoit au rang des merueilles de ce païs, ny en ayant point alors de pareil en France.

Il auoit esté basty despuis l'establissement de Euesques, c'et à dire despuis l'an 1317. à la place d'vn autre plus ancien sur lequel estoit cette inscription, suiuant les memoires tirez du Liure des obits & autres actes authentiques par N. de Sabatier iadis Chantre de cette Eglise, desquels i'ay tiré vne bonne partie des memoires de ce Chap.

Inscription de l'ancien portal de l'Eglise de S. Benoist.

Faustinus lapsis à Mauri morte decem octo
Lustris, has sancto Benedicto dedicat Aras,
Impensisque suis tota est structura peracta,
Aptatasque suis humeris de more cuculla,
Religionis amans, cellis se deuouet istis,
Atque Abbas factus, mira pietate refulsit.

Par cette inscription apparoit l'antiquité de cette Abbaye, & comme elle est des premieres qui furent fondées par S. Benoist, qui fut l'an 530. & sainct Maur, dont elle parle, mourut l'an 583. ayant vescu 60. ans auec sainct Benoist qui fonda son ordre l'an 530.

Le Roy Charles le Chauue assiegeant Tolose l'an 844. & estant logé au Monastere de S. Sernin, les Tolose, print en sa protection le Monastere de S. Benoist de Castres, Adalbert en estant pour lors Abbé, Roger Prieur, Oldin Sousprieur, & Falbe t Bibliothequaire, auec 60. Religieux, & leur donne, *plenarium Imperium in toto districtu dicti Coenobii, in villis, curtibus mansionibus aprisionibus, & cellis dicti Coenobii; cum Coenatico in fluuio acuti,* à *ante vocato Dydiaco, vsque ad fontem de Metis, in quo* *ncipit coenaticum per nos concessam fratribus Clairatis,* *concedimus Monachis S. Benedicti vt non compellan-* *ur per agentes nostros, ad solutionem teloniorum, seu* *arganaticorum, nec rotaticorum, nec portatiuorum,* *ec mutatiuorum, pro mercimoniis emptis in foro, ab* *ominibus dicti Coenobii.* enioignant *Mathæo, Vicece-* *iti Castrensi, & thoni Vicario* de les faire ieouyr desfusdits priuileges. *Actum in Monasterio S. Sa-turnini prope Tolosam obsessam.* Cecy est pris de l'enqueste faite apres l'embrasement de la Bibliotheque, qui est signée de beaucoup de tesmoins, par cet acte appert que S. Sernin estoit pour lors hors de Tolose, & que Tolose a esté augmenté du depuis & a enfermé ledit S. Sernin dans ses murailles.

Cette maison Abbatiale de S. Benoist auoit son Eglise au mesme lieu qu'est à present l'Eglise Cathedrale, & son portal estoit aussi au mesme lieu que celuy de ladite Eglise, & apres que le dernier Abbé, dit, Deodatus Seueratus, fut fait premier Euesque, la maison Abbatiale fut faite Episcopale, & les Moines d'icelle furent faits Chanoines, retenans pourtant l'habit de sainct Benoist, mais enfin, de reguliers ils furent changez en estat seculier par la Bulle de secularisation du Pape Paul III. donnée le 22. Nouembre 1536. à la sollicitatiō de Iacques de Tournon Euesque de Castres, & lors ils quiterent l'habit de Moines, la susdite Abbaye estoit située tout le long de la riuiere d'Agoult, & tenoit depuis les ormeaux insqu'au lieu ou sont à present les Dominiquains.

Dans ce Monastere de sainct Benoist se voyoiēt autrefois de tres beaux tombeaux, mais ils ont esté

tous ruinez durant nos troubles, en voicy neantmoins quelques vns de considerables que i'ay re-
couurez auec beaucoup de peine. Au milieu de la
nef de l'Eglise estoit enseuely, auec son effigie par
dessus, Beru nepueu de Addo Roy de Barcelone
auec cette inscription,

*Hic tumulatur Princeps Beru nepos Addonis Regis
Barchinonensis, qui hortationibus fratris Helisachar
Prioris Monasterii de Castris, falsam deposuit Religionem,
veram suscepit, vna & eodem die, Baptisatur, moritur
& viuit in aeternum, anno incarnati Verbi, octingente-
simo, idib. septembris.*

Ce Roy Addo & Beru son nepueu estoient Mores, & estans venus l'an 800. à Narbonne, ils y furent arrestez prisonniers, & de la conduits à Castres, & enfermez dans la grosse tour de l'Abbaye
(qui peut estre est cette tour d'Heraclius dont i'ay
parlé ailleurs, ou la tour qui y reste seruant de
clocher à present) & Beru estant mort dans trois
mois, le Roy Addo fut conduit à Charlemagne,
quand à Elisagar dont il est parlé dans cette Epitaphe, il fut apres Abbé de Castres, & fut enuoyé
par Louys le debonnaire à Barcelone auec deux
Comtes à sçauoir Hildebrand & Donat, l'an 826.
pour pacifier les troubles & tumultes de Barcelone & païs adiacent.

On voyoit aussi dans la mesme Eglise l'Epitaphe suiuante à costé gauche, derriere le grand Autel, en vn sepulchre esleué de trois pieds sur lequel
estoient pour armes 3. bourdons & 3. coquilles.

*Hic iacet Vvillelmus Beli...... Vicarius & vni
Vicecomes pagi Castrensis, qui Populo reddidit
quae sunt Populi, Domino Comiti quae sunt Co-*

ſis, regi quæ ſunt Regis, & Deo quæ ſunt Dei. obiit Cal. Iunii anno 1167. par cette Épitaphe il appert que le Roy ayant eu autrefois vne portion dans le Comté de Caſtres à ſçauoir vn tiers, il tenoit vn Vicomte dans Caſtres qui eſtoit auſſi Viguier du Comte c'eſt à dire ſon Seneſchal, qui rendoit alors la iuſtice au peuple.

La plus ancienne Epitaphe que i'en aye eſt la ſuiuante.

Frater Iacobus de Auſtria Monachus S. Benedicti & Bibliothecarius Caenobii Caſtrenſis, vir eximiæ pietatis, mirandæ humilitatis, ſtupendæ eruditionis, & altæ propaginis. anno ætatis 63. *& nonis Aprilis anni* 792. *coepit requieſcere in pace.* Sur ſon tombeau eſtoient les armes d'Auſtriche.

Ce *Iacobus de Auſtria* auoit fait les Liures ſuiuans *de Muſica l.* 3. *de Geometria l.* 2. *de Arithmeticis l.* 2. *de Hiſtoria vniuerſali mundi l.* 12. *de Annalib. S. Benedicti l.* 3. *de viribus herbarum l.* 6. *de coniunctionibus l.* 3. *Comment. in lib. Regum & Epiſt. Pauli. de Elementis, de ente, de nominibus diuinis, de Doctrina Iudæorum, de aduentu Meſſiæ & de vltimo iudicio.*

Iay auſſi appris du Liure des obits de cette Egliſe que *anno* 920. 3. *Cal. Iunii obiit Ioan. Genibroſa habitator de Caſtris ter factus Conſul, fundauit Capellam S. Mauri in Eccleſia ſancti Benedicti, eius frater Stephanus genebroſa erat Prior hoc anno, & Aymericus Guillem de Proſapia illuſtri des Guillems erat Abbas.*

2. *Cal. Auguſti eodem anno obiit Adelays Bona vxor potentis Viri Nicolai de Galona, ſepulta eſt in Capella de Bona,*

Nonis Februarii anno 1001. *obiit Petrus de Alanſo Praepoſitus lanificii de Caſtris.*

Idib. Maii. 1002. obiit nobilis Raſtaynus de Corneliano, & nonis Maii eiuſdem anni obiit nobilis Hugueius de Caſtro Viridi.

Lors mourut auſſi, *nobilis Goſridus de Monteleone, Vir potens & ſtrenuus, Vicarius (c. Vigerius) Pagi Caſtrenſis, ſepultus fuit 3. Cal. Septembr. in Eccleſia ſancti Vincentii, in Capella Conſulum de Caſtris,* il mourut de la maladie populaire dont i'ay parlé au Chap. dernier du Liure 2.

De tout ce deſſus, on peut apprendre les noms de quelques Chappelles dudit Monaſtere, & les noms de trois de ſes anciens Abbez, à ſçauoir l'an 673. Fauſtinus, l'an 841. Adalbert, & l'an 920. Aymericus de Guillem. I'ay auſſi apris du depuis que Simeon Bembaj, Italien, de l'illuſtre Maiſon des Bembes en auoit eſté ſous le Pape Agathon, qui viuoit l'an 679. & qu'il eſt enterré à S. Giles, où l'on void ſon Epitaphe en vers Latins rimez. Nous en nommerons encore quelques-vns cy-apres.

Des freres Clathrez ou Barrez.

Quoy que i'aye parlé ailleurs des freres Clathrez ou barrez, & coniecturé qu'ils pouuoient eſtre de ces Carmes, à qui la couleur blanche de leurs habits, fut défenduë, parce qu'il n'eſtoit permis en Orient qu'à ceux qui eſtoient de Maiſon Royale de la porter, mais ayant conſideré du depuis que les Carmes ne ſont en France que depuis l'an 1220. & que les freres clathrez eſtoient pluſtot qu'eux. I'eſtime maintenant qu'ils peuuent eſtre les Religieux ou Cheualiers de S. Iean, ſuiuans la regle de S. Auguſtin, & qui eſtoient autresfois dans Caſtres dans la vieille maiſon de S. Benoiſt, comme il a esté dit ailleurs (qui peut estre estoit l'Eglise Nostre Dame dont nous allons parler) & qu'ils sont les Religieux dits Cheualiers de S. Iean d'Acre, qui selon Dauity, furent instituez pour conduire & penser les Pelerins qui alloient à la prise d'Acre, apres la prise duquel lieu, ils furent incorporez aux Religieux de S. Thomas, ils portoient vne Croix patee blanche sur vn habit noir.

Des Eglises de S. Vincent, & Nostre Dame qui estoient iadis à Castres.

Vis à vis de la porte de l'Abbaye S. Benoist, il y auoit vne Eglise Nostre Dame pour les femmes, parce qu'elles ne pouuoient pas entrer dans l'Abbaye selon la regle de S. Benoist, & pres de cette Eglise Nostre Dame estoit vne troisiesme Eglise qui estoit de S. Vincent, & ainsi il y auoit trois Eglises, l'vne aupres de l'autre, celle de S. Vincent y ayant esté faite apres que sa Relique eut demeuré quelque temps par prouision dans l'Eglise de S. Benoist. Tout cecy se confirme, par les vers d'Aimon le Moine Liure 1. *de Translat. Sancti Vincentii*, qui sont tels.

Namque Monasterii ante fores, Genitricis in aula.
Ista sub immenso gerebantur munera Christi
Dum fieret sancto templum proprio sub honore
Quo placidus demum migraret iure sepultum,
Masculus atque simul veniens quod foemina adiret
Interea placuit defluxa temporis vina
Inde leuare sacrum corpus, digneque locari
Post altare Pij Patris Sancti Benedicti.

Il est à noter touchant la Relique de S. Vincent que Hildebertus Moine du Monastere d'Aquitaine dit, ConKittæ (peut estre Conques) poussé par vne vision l'an 855. s'en alla aaec vn autre Moine dit, Audaldus, qui selon diuers Autheurs estoit natif de Castres) vers Valence d'Espagne, & Hildebert n'ayant peu acheuer le voyage, à cause de son aage, Audaldus l'acheua, mais la Relique luy fut ostée par Senior, Euesque de Saragousse, & estant ainsi reuenu à vuide, il fut chassé de son Conuent, lors ayant eu refuge à celuy de Castres, il y fut fort bien receu, & fut deputé par l'Abbé, vers Salomon, Comte de Sardagne, par le moyen duquel il recouura ladite Relique, & la porta dans Castres, comme i'ay dit ailleurs où elle fut long-temps dans vn beau coffre d'argent, & enfin fut perdue durant nos troubles pour la Religion. Neantmoins les Espagnols se vantent d'estre les seuls qui ont eu ladite Relique, & l'auoir trouuée dans vn promontoire prés de Lisbone, lors qu'ils la prindrent sur les Mores, l'an 847. cela est raporté par Damianus Goës. Mais par ce dessus on void qu'elle estoit plutost icy. L'an 1215. l'Abbé Vvilelmus que nous auons appellé ailleurs Guillaume en donna vne machoire au Roy Louys VIII. *Nota*, que l'an 879. Louys le Begue, estant fort malade fit vn vœu à S. Vincent qu'il fit executer la premiere année de son regne, par Frodoin Euesque de Barcelonne, qui porta le poids de vingt deux liur. d'argent audit Conuent, & le bailla à l'Abbé Rigaldus (*ex familia nobilium Rigaldarum*) & à Guiraud Prieur pour l'acheuement de l'Eglise de S. Vincent.

Des Cordeliers ou Freres Mineurs.

Nous auons dit ailleurs, comme ce Conuent estoit hors la Ville, & en auons dit diuerses choses fort remarquables. Il reste maintenant, à sçauoir que la Ville de Castres receut l'an 1227. lesdits Religieux de S. François, & qu'ils furent logez dans le Monastere de S. Benoist par prouision, & deux ans apres Raymond IV. Comte de Tolose leur donna dequoy édifier vn Conuent, qui fut acheué de construire l'an 1230. au mois de Decembre, il fut édifié au pied de Belmont hors la Ville, ayant vn grand enclos de jardinages, prairies, belles fontaines, & vn bastiment pour 60. Religieux.

Il est à remarquer touchant ce Conuent que l'an 1356. Iean Roy de France ayant esté fait prisonnier par les Anglois en la iournée de Poictiers, le 19. Septembre, & mis à la rançon de trois millions d'escus d'or, toutes les Prouinces ayans côtribué à faire cette somme, celle de Languedoc fit paroistre son affection particuliere enuers son Roy, par sa liberalité extraordinaire, mais l'Ordre Ecclesiastique fut celuy qui y contribua plus, & particulierement les Cordeliers du Conuent de Castres, qui firent vn effort remarquable, car ils vendirent leur argenterie & bien fonds, & firent la somme de quarante mille liures, qui fut portée au Dauphin Charles par le Gardien du Conuent des Cordeliers de Castres.

Le Roy estât apres deliuré, leur restitua cette somme, & leur fit vne pension de 80. liures que le Receueur du domaine du Roy leur paye tous les ans, la moitié de laquelle somme les Prouinciaux de S. François ont donnée aux Religieuses de Saincte Claire de Tolose. pour le susdit rachapt du Roy Iean, furent vendues plusieurs Metairies, & pieces de terre separées, entre lesquelles estoit le pré dit, *lou prat das fraires*, C. des Freres Mineurs.

Ce Conuent à autresfois esté fort magnifique & riche, y ayant eu beaucoup d'argenterie, & vne fort belle Bibliotheque, mais il ne reste de son ancien bastiment, qu'vne grande Tour qui sert de Clocher a present. Plusieurs grands Seigneurs y estoient enterrez, comme i'ay rapporté ailleurs, (mesme Iacques de Bourbon, Comte de Castres auoit ordonné d'y estre mis) mais toutes leurs Epitaphes sont perduës, comme celles des autres anciens Conuents de Castres, ayans esté destruites l'an 1563. & 67. du temps de nos guerres Ciuiles.

Nonobstant toutes lesquelles ruynes, i'ay recouuré par mes grandes recherches vne tres-belle Epitaphe en l'angage ancien, d'vne Dame appellee, Armoise de Lautrec, intime amie d'Isabeau, de Paris, sœur de S. Louys, qui luy fit construire vn superbe tombeau dans l'Eglise de S. François dés quelle fut morte, s'estant recluse à Saix, prés de Castres. Son Epitaphe est telle.

Armoise de Lautrec Recluse
De Saix dans cy Caueau ot cluse
Veuillant le Paradis aquerre
A tos bobans fet aspre guerre,
Isabel de Paris, clamée
Sui qui plore ma bien amée,
Li Monument ennolter fis
O de par Diex à tos vos dis
Que disiez ly De profundis.
L'an mil deux cens quarante & dix
Armoise absconsa faits & dits,
Diex vueil enberguer li delits
Et partier li Paradis.

Et plus bas on lisoit ces paroles en Latin. *Isabella illustrissima soror Ludouici Francorum Regis suis impensis hoc fecit Monumentum, in pignus amoris erga Armosem de Lautrec, anno Domini 1252.*

Par cette Epitaphe on peut aprendre comme les fils & filles des Roys, au lieu qu'on les appelle à present, Isabeau de France, &c. S'appelloient, Isabeau de Paris, Iean de Paris, &c.

Par la mesme Epitaphe se descouure l'erreur de ceux qui croyent que Saille Fondateur de la Chartreuse de Saix, ait donné nom au lieu de Saix, veu que Saille fut long-temps apres cette datte.

Quand aux Epitaphes modernes on n'en void aux Cordeliers qu'vne de considerable, à sçauoir celle de Madame la Comtesse de Bioule, elle est dans vne Chapelle qu'elle a faite bastir, & est telle.

Epitaphe de Madame Marie de Voisins, femme de Messire Antoine de Cardaillac, Comte de Bioule.

Dans cette place reposent les os de Dame Marie de Voisins, fille vnique de Messire Louys de Voisins, Seigneur d'Ambres, laquelle en l'aage de 18. ans, ayant esté mariée auec Messire Antoine de Cardaillac, Comte de Bioule, deux ans apres mourut le 19. Iuillet 1612.

Passant arreste vn peu tes pas, & ta pensée,
Aprens que la vertu par ce monde est passée,
Logeant dedans vne ame, & cette ame en vn corps.
Le corps, l'ame, & vertu, tous ioins font vne femme,
La vertu l'ame a pris, le corps est pris des morts,
Sous ce marbre est le corps, & dans le Ciel ceste ame.

Ses armes y sont en bosse, portant escartelé, au 1. & 4. vn Lyon rampant, au 2. vne Croix clechée, & au 3. des cheurons brisez.

Touchant ce Conuent, est aussi à noter que l'an 1367. Frere François Icher ayant presché à sainct Benoist, blasma l'Euesque Estienne en son absence, de ce qu'il ne reprimoit les desreglemens de quelques Prestres, dequoy l'Euesque estant aduerty à son retour, excommunia ledit Icher, & commanda aux Cordeliers de tenir leur Eglise fermée, à quoy ils obeirent, dequoy le peuple s'estant mutiné, il leur redonna la licence de l'ouurir, moyenant que ledit Icher s'en allast, ce qu'il fit, & fit vuider apres son appel à son aduantage & celuy du Conuent, deuant le Primat de Bourges. I'ay voulu noter cecy, parce qu'il s'accorde auec ce que i'ay dit ailleurs du mesme Euesque, auquel l'Archeuesque escriuoit touchant vne heresie des Prestres de Castres.

Des Trinitaires.

Apres ce Conuent vient celuy de la Trinité, qui l'an 1450. estoit hors la porte de l'Albinque, & puis l'an 1369. fut mis au lieu où il est maintenant (à sçauoir prés du College) par vn Abbé de S. Victor de Marseille.

Des Religieux de sainct Dominique.

Quand aux Religieux de S. Dominique, dits Freres Prescheurs, i'en ay parlé ailleurs, & dit comme S. Dominique receut en don l'Eglise de sainct Vincent l'an 1220. ou enuiron. Mais neantmoins son Ordre ne fut establi en Ville que l'an 1258. en laquelle année (suiuant l'acte de donation qu'ils ont encore) l'Abbé Guillaume leur donna à la priere de Philippe de Montfort le ieune, l'Eglise de S. Vincent, scituée *infra villam de Castris*, auec toutes ses rentes (d'où il appert que ladite Eglise n'e-

de Castres, Liure second.

toit pas alors dans Castres) & que Pierre Petit Dominiquain receut ledit don, qui fut apres confirmé par Bernard de Combrete Euesque d'Al-by (car Castres n'estoit encore erigé en Euesché) & Guilaume Raymond de l'Ordre desdits Predicateurs du Temps que les Albigeois estoient en ces quartiers.

Quand aux tombeaux considerables qui estoiēt dans leur Eglise, ie trouue par le testament d'Eleonor de Montfort qu'elle leur fait beaucoup de legats considerables, pour les anniuersaires de sa mere, & de Simon de Montfort son frere, & pour estre enterrée dans ladite Eglise sous vn tombeau de marbre, enjoignant qu'on mette auprés d'elle son fils le Comte de Vendosme, & donne en particulier 20. liures pour faire vne lampe d'argent du poids de deux marcs, & en fonder vn reuenu pour la tenir garnie d'huile. (Nota, comme auec peu d'argent on faisoit à lors beaucoup de choses) ce testament se fit l'an 1338. dans la maison, dite de Roquecourbe, où elle se tenoit.

Et par le testament de Iean Comte de Vendosme fait l'an 1362. est ordonné que s'il meurt en Languedoc il soit enterré dans Castres au Chœur de l'Eglise de sainct Vincens, deuant l'Autel, auprés de sa mere qui est à droite, & s'il meurt ailleurs, ordonne d'estre porté à Vendosme, & mis dans l'Eglise de sainct George prez du tombeau de son pere, & que son cœur soit porté dans son tombeau de Castres, ce qui fut fait sans doute, car il fut enterré à Vendosme comme on void par l'Epitaphe que i'en ay donnée.

Par vn autre testament de l'an 1460 retenu dans

le Chasteau Episcopal de la Case dans la Chambre dite, des Abbats. Marie de Bourbon fille de Iacques, Dame de Crimal, Viane, Montcocu &c. accueillie de maladie, fait son heritiere Eleonor de Bourbon Comtesse de Castres & luy substitue Iacques & Iean d'Armagnacs. Elle fait aussi diuers legats au susdit Conuent.

Cette maison de la Case estoit prez de Castres sur le bord de l'Agout, du costé de Villegoudon, mais on y alloit aussi du costé de Castres par la porte del Trauc, prez du Palais, qui menoit par vn beau chemin, à vn pont qui estoit sur ladite riuiere. De cette maison ne restent que quelques masures. C'estoient iadis les prisons de l'Euesque de Castres.

Noble Raymond de Saisse & Centulie de Bretes sa femme, fondateurs de la Chartreuse de Saix furent enterrez dans leur Chapelle de sainct Iean, & sainct Louys, dans l'Eglise de S. Vincens l'an 1351. *Nobilis & potens vir Antonius de Tolosa & de Lautrico, miles & Vicecomes de Lautrico, Dominus & Baro, Baroniarum de Brugueria & de Montesano (C. de Montsa) & nobilis seguina de Bar eius vxor, domina de Brugueria & de Montesano anno* 1535. *erga Ecclesiam Conuentualem S. Vincentii de Castris, ordinis beati Dominici, ordonnent d'estre enterrez in Capella B. Maria, quam predecessores dicti nobilis de Tolosa ædificare fecerunt,* & leur donne beaucoup de possessions. Nota que l'an 1303. Bernard Guido illustre Escriuain estoit Prieur de sainct Vincent, alors Alzias estoit Abbé de sainct Benoist, & ce Guido fut apres Euesque de Lodeue. Ils auoient aussi le corps d'vn certain Raymond Pastorelli qui leur fit de tres-grands legats. Comme aussi celuy de Iean (pere & fils) de Burlats, sieurs de Gais.

De l'Eglise Cathedrale de S. Benoist.

L'Abbaye de sainct Benoist fut reduite en Euesché l'an 1317. comme i'ay dit ailleurs, ie n'ay peu trouuer de toutes les vieilles Epitaphes que celle de l'Euesque Estienne que i'ay donnée ailleurs & ce fragment en grosse lettre gotique...... & *Domini Adhemari de Nauario*......

I'ay du depuis trouué dans les archifs du Chapitre, que Ademar de Nauas estoit leur Sacristain l'an 1472.

Quand aux Epitaphes modernes & inscriptions ie les ay données dans le Chap. des Euesques, ou i'ay rapportée celle de feu Iean de Fosse Euesque de Castres, &c.

De la Chartreuse de Saix, dite de N. Dame de Beauuoir, ou Beluese, & en latin Belli visus.

LA belle & riche Chartreuse de N. Dame de Beauuoir lez Castres fut fondée l'an 1361. par Noble Raymond de Saisse, qui les fit heritiers à cet effet, comme aussi sa femme Centulia de Bretis qui mourut peu de temps apres. I'ay marqué cy-deuant le lieu ou ils gisent, & donneray cy-apres leur genealogie.

Cette Chartreuse estant enrichie de diuers heritages, receut encore l'an 1424. la Chartreuse de Loupatiere (qui luy fut incorporée) que Pierre de Rochefort Euesque de Carcassonne auoit fondée l'an 1321. dans le bois de Loupatiere pres de Carcassonne, apres quoy la Chartreuse de Saix a produit celle de Tolose, comme le fait doctement voir Dom Amable Chatard, Scindic de celle de

Castres dans le docte manuscrit Latin qu'il en a composé pour l'vtilité d'icelle. On n'y void à present aucuns sepulchres fors vn fragment de celuy de noble Iean de Guomion, Escuyer, Gouuerneur du Chasteau de Minerue & General des Monnoyes de Languedoc l'an 1464. & de sa femme, qui mourut peu de temps apres, ils furent enterrez au pied du degré du grand Autel, & sur le tombeau est la figure d'vn Soldat ou Escuyer.

L'an 1455. suiuant leur necrologue, Damoiselle Catherine de Louys, Conseigneuresse d'Escoussens, & peu apres Helie Brison son fils y furent enterrez & mis dans la Chappelle de Saincte Cecile, qu'ils auoient faite construire. Tous ces susdits donnerent leurs biens à cette Chartreuse. Elle fut démolie pendant nos troubles. 1567

Des Religieuses de Saincte Claire de Villegoudin.

Ce Conuent fut reformé l'an 1434. par S. Collete qui y resida quelque temps, & fut fondé par Bernard d'Armagnac, Comte de Castres qui eut vne fille appellee Bonne qui s'y rendit Religieuse, & puis mourut en celuy de Lesignan, où elle gist.

L'an 1566. que la riuiere d'Agoust passa sur le Pont, elles furent tirées de leur Conuent par l'eau, & l'an 1562. par les troubles pour la Religion.

Dans leur Conuent y auoit vne belle fontaine qui est à present hors la Ville, & est encore appellee, *la fon de las menouretes*, C. des Religieuses de l'Ordre des Freres mineurs.

Des Capucins.

Quand aux Capucins ils vindrent seulement l'an 1630. au mois de Mars, & furent logez à la maison de Monsieur de Latrinque à la ruë de Bertrac)

de Castres, Liure Second.

trac, ioignant la maison de Ville, où ils sont à present.

Des Religieuses de saincte Claire de Castres.

Le dernier venu de tous les Ordres Religieux est celuy des Religieuses de Saincte Claire, qui furent mises l'an 1632. a la Tolosane, & apres aux ormeaux pres de la muraille de la Ville, ou elles sont a present. Les Religieuses d'Orliac leur font pension. On les appelle Vrbanistes, parce qu'vn Pape Vrbain mitigea leur regle.

Noms de tous ceux qui ont esté Ministres dans Castres.

CHAP. II.

PVis que i'ay rapporté ez Chap. precedents les noms de tous les Euesques & Abbez de Castres & que i'ay parlé de tous les Conuents, la raison semble demander que ie nomme aussi ceux qui en ont esté Ministres.

Le premier fut N. de Manna Bosque, apres lequel en ont esté les suiuans. Mr. Iean de Bosque l'an 1542. Mr. de Mapais l'an 1543. les sieurs Raphael Segueur, & Iacques de Lernan l'an 1545. les sieurs Marquet, Hierosme, & Sauerme l'an 1546. Mr. Barthe l'an 1547. Mr. Albus l'an 1549. les sieurs Martiny & de Bosque le ieune, l'an 1551. les sieurs Geoffre Brun & de la Valée l'an 1559. les sieurs de Lostau, Pierre Barthe, & Fleury de la Riuoire l'an 1561. Mr. Iean Bosque l'an 1567. Mr. Marsan l'an 1574. Mr. Saluart l'an 1582. Mr. Gaspar Olaxe Espagnol qui causa de grands tumultes dans cette Ville, preschât vne doctrine qui n'estoit pas orthodoxe l'an 1592. Lambert Daneau personnage fort sçauant comme sa renommee, & les escrits en font foy, l'an 1593. il mourut l'an 1595. Mr. Benoist Balaran l'an 1593. M. de Rotan l'an 1596, il mourut l'an 1598. Mr. Iean Iolion, l'an 1598. apres vindrent Mr. Philippe Dupin M. Iosias Daneau fils du susdit Lambert, mort l'an 1644. Mr. Paul Charles le vieux, premieremēt Professeur en Philosophie en Bearn, & apres en Theol. à Montauban, mort l'an 1649. Mr. Iean Verdier, iadis aussi Professeur en Philosophie à Montauban, & qui s'est retiré la presente annee pour estre Professeur en Theologie audit Montauban.

Ceux qui en sont à present sont les suiuans.

Monsieur Pierre Sauois, qui en est depuis long-temps, Mr. Raymond Gaches, & Mr. Louys de Iaussaud fils de Mr. Maistre Louys de Iaussaud Conseiller du Roy en la Chambre de l'Edit de Castres.

Pour faire la fin de ce Chapitre il ne sera pas hors de propos de desabuser ceux qui pourroiēt croire ce que quelques-vns auoient raconté au sieur de Lancre lors qu'il dit qu'on ferme les boutiques le Mecredy matin dans Castres pour celebrer la feste de Caluin, à quoy ie respons sans aucune animosité, que cette feste ne se celebre ny à Castres, ny en autre lieu du monde, mais qu'on ferme les boutieques les Mecredys icy, & ailleurs les Ieudys, pour aller aux Predications qui se font ces iours-la, comme estans le milieu de la sepmaine aussi bien l'vn que l'autre. I'entrerois plus auant dans ce discours & ferois voir par beaucoup de aisons que c'est vne fable, mais sçachant bien que presque personne n'est de l'aduis du Sieur de l'Ancre, ie m'en deporteray pour le present.

De la Chambre de l'Edict, seante à Castres
CHAP. III.

LE merite de la Ville de Castres, obligea nos Roys à l'orner d'vne Chambre my-partie, qu'ils y ont tousiours voulu continuer, nonobstãt les importunitez de plusieurs autres Villes qui la desiroient & la desirent encore. Elle fut premierement à l'Isle l'an 1579. Et les Officiers qui la composoient, sont les suiuans. Ie ne mets point les Officiers Catholiques, pour ce qu'ils changent tous les ans.

Messire N. de Clausone, President.

Les Conseillers estoient. Mr. Me. Antoine Beranger, Sr. d'Arbieu. Mr. Me. N. d'Aures. Mr. Me. Iacques des Vignolles. Mr. Me. Richard d'Escorbiac. Mr. Me. N. de Banides. Mr. Me. Estiennne de Molinier, Sr. de Toutene. Mr. Me. N. de Fauier. Mr. Me. Iean de la Mer.

L'Aduocat du Roy estoit Mr. Me. N. Boencotre.

La Chambre fut apres tirée de l'Isle, mais elle y fut remise l'an 1581. & de là, elle fut transferée à Castres, l'an 1595. du mandement d'Henry IV. Elle print l'Hospital de Castres pour faire le Palais prés de la porte del Trauc, ses Officiers furent les suiuans.

Messire Philippe du Fresn: Canaye, President.

Les Conseillers estoient, Mr. Me. Antoine Beranger, Sieur d'Arbieu. Mr. Me. Richard d'Escorbiac, Mr. Me. Iean de la Mer, Mr. Me. Iacques des Vignolles. Mr. Me. Guy d'Arcbaudouse, Baron d'Anduse. Mr. Me. François de Rosel, Mr. Me. Paul de Iuges, Mr. Me. Paul Courrech, & Mr. Me. N. Boucaud, Aduocat General.

L'an 1599. estoit President, Messire Iacques des Vignolles, qui mourut l'an 1626. le 28. Octobre.

Et les Conseillers estoient les suiuans.

Mr. Me. Guichard d'Escorbiac, qui mourut l'an 1606. Mr. Me. Paul de Iuges qui mourut l'an 1623. le 3. Ianuier. Mr. Me. Abel du Suc, qui auoit esté Aduocat du Roy. Mr. Me. Samuël de Bonencontre. Mr. Me. Salomon de Faure. Mr. Me. Iean de Laeger, qui mourut le 4. Iuin 1624. Mr. Me. Guillaume de Ranchin, qui mourut l'an 1605. Et le 30. Iuillet. Mr. Me. Iacques de Cauaignes. & Mr. Me. N. de Boucaud, Aduocat General.

En apres vindrent Messire Abel du Suc, President.

Mr. Me. Iean Iacques de Pelisson, Conseiller. & Mr. Me. François de Rosel, Aduocat General.

La susdite Chambre à souuent changé de demeure tant à cause de la contagion que pour autres sujets. Car l'an 1623. elle fut à Besiers, & reuint à Castres l'an 1630. Puis fut à Reuel & à S. Foelix, l'an 1632. & de la reuint à Castres, d'où elle n'a bougé du depuis.

Les Officiers qui y sont à present, sont les suiuans, outre Mr. Me. Iean de Charron, Conseiller l'an 1641. qui se retira pour estre President à Bourdeaux.

Messire Gaspar des Vignolles, President.
Mr. Me. Salomon de Faure, Conseiller.   Mr. Me. Louys de Iauffaud.   Mr. Me. Iacques de Ranchin.
Mr. Me. Paul de Iuges, Seigneur du Bez, &c.
Mr. Me. Samuël d'Escorbiac.   Mr. Me. Hercules de Lacger, Seigneur de Mailuguiez. Mr. Me. Claude de Faure, Baron de Montpaon &c. qui occupe l'Office de son pere en suruiuance.
Mr. Me. Louys de Montclam, Sr. de Candiac.   Mr. Me. Thomas d'Escorbiac, qui a l'Office de son pere en suruiuance.
Mr. Me. Pierre de Carlot, Sr. de Cesterols.   Mr. Me. Pierre de Iulien.   Mr. Me. Isaac de Brugeres.
Mr. Me. Claude de Iauffaud qui a l'Office de son pere en suruiuance.
Mr. Me. Iacques de Ranchin, qui occupe aussi l'Office de son pere en suruiuance.
Mr. Me. Pierre de Rosel, Aduocat du Roy.

A ceste Liste y a plus d'Officiers qu'aux precedentes, parce que la Chambre a esté depuis accreuë de deux Conseillers.

De la Noblesse de Castres, & de ses Seneschaux, Iuges ordinaires, & Iuges d'Appeaux.

CHAP. IV.

LA Ville de Castres est aussi beaucoup considerable pour la grande quantité de noblesse qui fait sa demeure dedans son terroir, comme on peut voir par le Catalogue suiuant dont ie rangeray les principaux par ordre alphabetique, pour n'estre assez informé du rang que ces Seigneurs doiuent tenir.

Messire François Iacques d'Amboise, Comte d'Aubijous, le seul masle restant de l'illustre maison d'Amboise.

Messire N. de Voisins, Marquis d'Ambres.

Messire Louys de Bourbon, Marquis de Malause & de la Case, Vicomte de Leuedan, &c. duquel ie bailleray cy-apres la genealogie.

Messire Louys de Cardaillac, Lieutenant du Roy au haut Languedoc, Comte de Bioule, Baron de Montredon, Seigneur de Gais, Seneschal de Castres &c. descendu d'Antoine de Bioule, qui mourut en combattant vaillamment au siege de Perpignan sous François I. l'an 1541. ie bailleray sa genealogie cy-apres.

Messire Nicolas de Genibrouse, Seigneur de S. Amans, Ledeigues, &c. & Vicomte de Boisseson.

Messire N. de Gouuernet, Vicomte de Paulin, marquis de Mures.

Messire Guy Aldonce, de Guillen, de Castelnau, Clermont, Carmaing, & Foix, Marquis de Saissac, Côte de Clermôt de Loudeue, Baron de Venez, &c.

Outre les susdits, nous auons à nos enuirons, les Vicomtes du Pujol, d'Embialet, & de Montfa, qui est de la maison de Lautrec, & duquel ie donneray la genealogie cy-apres.

Les Barons de Ferrieres d'Auterriue, de Senegats de Caucalieres, d'Aupoul, de Seruiez, du Contrast, &c.

On doit aussi beaucoup considerer les maisons suiuantes, comme Illustres & anciennes, mais ie n'obserue point d'ordre à les ranger icy, ne sçachant les rangs qui leur sont deus.

Monsieur le Baron de Verdale, de la maison duquel est sorty vn grand maistre de Malthe, Cheualier de l'Ordre, & Cardinal.

Monsieur de S. Germier de la maison de Tolose & de Lautrec, descenduë de celle du Comte Raymond, comme ie feray voir cy-apres par sa genealogie.

Monsieur Maistre N. de Thomas, Conseiller du Roy en la Cour des Comtes, Aydes & Finances de Montpelier, Baron de Carues, Seigneur de Roquecourbe, &c.

Noble Iean de Noël, Sr. de Massaguel, de la maison duquel est sorty vn Cheualier de l'Ordre Sr. de la Croussette, Gouuerneur de Castres, & Lieutenant de la compagnie du Duc de Montmorency.

Noble marquis de Gep, Seigneur de Sauuian, Lesert, la Crousete, Galibran, &c. Qui pour sa capacité & merite, fut deputé l'an 1641. de la part de Mr. de la Mothe & de la principauté de Catalogne, pour porter au Roy le pacquet de leur nouueau don à sa Majesté.

La maison de Bouffard doit aussi estre mise parmy les illustres de cette Ville, tant pour les seruices qu'elle en a receu en la personne de Dominique & Iean de Bouffard, sieurs de la Grange, & de la Garrigue freres, comme nous auons fait voir ailleurs, que par le merite particulier des sieurs de Madiane & de la Garrigue qui en sont descendus, & qui continuent tousiours à luy rendre leurs seruices. Le susdit sieur de la Grange estoit homme fort sçauant, & auoit tres-heureusement marié les armes auec les lettres, car outre qu'il auoit connoissance de l'Astrologie, langues diuerses, &c, il auoit soustenu le siege de Sancerre, & prins la Ville de Castres sur les Corses & Albanois.

Monsieur le Baron de la Nogarede. Monsieur de Missegle Marguarides, de la maison de Bone. Mr. de la Mothe d'Aures qui est de maison fort ancienne. Mr. d'Escroux de la maison de Baine. M. Vrbe de Noir sieur de Cambon.

Parmy ce denombrement de Noblesse, i'ay mess quelques Gentils-hommes qui ne sont pas dans le Comté de Castres, mais parce qu'ils se tiennent fort prez de cette Ville, ie les ay consiredez comme du lieu.

Des Seneschaux de Castres.

Apres auoir raporté les noms des Comtes de Castres, des Officiers de la Chambre, & de la Noblesse de ce pays, il ne sera pas hors de propos de raporter les noms de quelques Seneschaux de cette Ville.

L'an 1252. Guillaume de la Palu estoit Seneschal de Philippe de Montfort

L'an 1307. & 1309. Noble Pierre Raymõd de Rupistano ou de Rabastens, estoit Cheualier & Seneschal d'Eleonor de Montfort.

L'an 1313. Eymon de Roguengade.

L'an 1338. Guillaume Speirat.

L'an 1368. Iean de Baine Seigneur Descroux.

L'an 1377. Bernard de Durfort Escuyer & Seneschal du Comté de Castres.

L'an 1409. Noble Robert d'Escroux.

L'an 1413. Messire Arnas de Saugnac Seigneur de Padiez & d'Ampiat estoit Seneschal de Iacques de Bourbon.

L'an

de Castres, Livre Second.

L'an 1428. Brenguié Galan.

L'an 1450. Messire Henry de Pompignac.

L'an 1566. Iean de la Palu.

L'an 1567. Nob. Pierre du Maine Sei. du Bourg, beau pere de Guil. de Guillot qui luy succeda.

L'an 1582. Noble Michel de Bayard, beau fils de Guillaume de Guillot Seigneur de Ferrieres.

L'an 1594. Pierre de Bayard son fils Seigneur de Ferrieres, son pere s'en estant despouillé.

L'an 1599. Iacques de Tolose & de Lautrec qui succeda au precedent, & mourut l'an 1616.

Apres en fut Iean de Perrin Seigneur de la Bessiere, & puis, Marquis de Tolose & de Lautrec, Seigneur de S. Germier, fils du susdit Iacques.

Et l'an 1638. en fut pourueu apres luy Messire Louys de Cardaillac Lieutenant pour le Roy au bas Languedoc, Comte de Bieule, Seigneur de Gais, &c. qui en jouit à present.

Des Iuges ordinaires de Castres.

Il y a aussi à Castres vne ancienne Cour Royale de laquelle ie trouue que les suiuans ont esté Iuges, n'en ayant peu recouurer dauantage.

L'an 1307. Guillaume Vency estoit Iuge de la terre & Cour d'Eleonor de Montfort, & du Comte de Commenge qui auoit vn quint au Comté de Castres, & y tenoit vn Regent nommé Iean Valestre.

L'an 1346. Bernard de Caluomonte ou de Caumont estoit Iuge de Castres, selon vn acte passé entre Bouchard Comte de Castres, & les habitans de la Caune, *in hospitio turris Cauderiæ de Castris ipsius Domini Comitis.* Par lequel acte appert que le Comte logeoit à la Tourcaudiere, & par vn autre

M

acte que i'ay veu il appert aussi qu'il contenoit ses archifs, prisonniers, & Cour des Ordinaires.

L'an 1365. Pet. Isarni estoit Iuge. l'an 1368. Alric Meianel, & Barthelemy de Albarupe estoit Iuge de Castres, sous le Comte Iacques d'Armagnac. l'an 1377. N. Marauel, l'an 1380. Iean la Manhania.

L'an 1401. B. de Roustagny, l'an 1438. Pet. Lemosini.

L'an 1409. N. de S. Martino.

L'an 1519. Iean de la Roche sieur de la Trinque, & apres, Charles de la Roche sieur de la Trinque.

L'an 1575. Antoine de Lacger, mort l'an 1591. apres lequel en fut par regence Abel de Rotolp, Sr. de Farguetes, &c.

Mr. Me. Iean de Lacger luy succeda, qui estant apres Cōseiller en la Cour, ceda sa charge à Mr. Me. Pierre de Lacger, qui dés long-temps exerce tres-honorablement cette charge, & à laquelle sa probité & capacité ne donnent pas peu de lustre.

Son Lieutenant est Monsieur Maistre Iean le Roy, successeur des Sieurs de Lescout, & Melon.

Des Iuges d'Appeaux.

L'Office de Iuges d'Appeaux estant aussi ancien, j'insereray icy les noms de ceux que ie trouue l'auoir exercé.   l'an 1379. Pierre Boyer.

L'an 1412. Guillaume Galaupt.

L'an 1450. Bernard de S. Martin.

L'an 153*. Pierre Vilar, apres lequel fut Guy de Lacger, & apres cettuy-cy, Antoine de Lacger, qui apres fut Iuge ordinaire.

Abel de Rotolp, Sieur de Farguettes.

L'an 1598. Maistre Iean de l'Espinasse.

L'an 1623. Mr. Me. Iean d'Alary qui en jouit à present.

Les Genealogies de 8. illustres maisons dont il a esté parlé au Chapitre precedent, à sçauoir, de Malause, de Bioule, de Monsa, & S. Germier, de Bayard, de Noël Sei. de la Crousete, de Saisse, de Bretes, & Boussard.

CHAP. V.

Ayant en main 8. curieuses Genealogies de 8. anciennes, & fort considerables maisons de ce pais, i'eusse creu leur faire tort, & à la curiosité publique, si ie ne les eusse mises dans cét ouurage.

1. Geneal. à sç. de la tres-noble & ancienne maison de Messire Louys de Bourbon, Marquis de Malause, Vicomte de Leuedan, Seig. de la Case, &c.

Charles premier du nom Duc de Bourbon.

| Iean 1. Duc de Bourbon. | Louys de Bourbon Euesque de Liege. | Lovys bastard de Bourbon Côte de Roussillon. |

| Charles Bastard de Bourbon Vicôte de Leuedan. | Pierre Bastard de Bourbon Baron de Busset. | Charles de Bourbon, Comte de Roussillon. |

Hector de Bourbon Vicomte de Leuedan.

Iean Vicomte de Leuedan.

| Anna, Vicomte de Leuedan. | Henry. 1. Vicomte de Leuedan. |

Iean Iacques Vi-   Henry 2. Marquis
comte de Leuedā.   du Malaufe.

1.
Louys de Bourbon, Vicomte de Leuedan, en faueur du-
quel Lacafe a efté depuis peu érigé en Marquifat.
Charlote de Querueno fa fem.

Henry 3.   Magdeleine.   Henriete.

2. Geneal. à fç. de l'illuftre & ancienne maifon de Louy
de Cardaillac, Comte de Bioule, Seigneur de Gays,
Montredon, &c. & Lieutenant pour le
Roy au haut Languedoc.

Hugues premier de Cardaillae 1100.

Bertrand 1. de Card. Seig. de Bioule & la Capelle 1112. 1131

Hugues de Cardaillac fieur de Bioule   Guill. de Cardail
& la Capelle 1135. 1250. Soubirane de   Euefq. de Cahors
la Roche, & Raymond de Turene.   1209. mort 1234.

Bertrād de Cardaillac 2 fieur de Bio-
le & la Capelle 1266. Almodis de Pe-
rigord fa femme.

Bertrand de Card 3 fieur de Bioule.   Geraud de Car-
Comtor de Turene fa premiere fem.   daillac premier S.
feparée pour leur parenté 1280.   de la Capelle 1u
Alix de Peyre 2. f.   1292.

Bertrand de Card. 4. fieur de Bioule   Gerad de Car
l'an mil deux cens nonante neuf.   fecōd Sr. de la Ca-
Ermengarde de Lautrec.   pelle Mariual. 2d
                                          deux cens 94.

Iean de Card. Arch.   Hugues de Car-   Bertrand de C.
de Tolofe Patriar-   daillae fecond fr. daillac premier
che d'Alexādrie qui   de Bioule.   fieur de la Ca-
fit l'an 1387. à fes Ifabeau de Vic.   pelle mil trois

de Castres, Liure second.

despens la cloche de Cardaillac à Toloſe.

mil trois cens 19.

cens douze.

	Bertrād de Card. 4. ſieur de Bioule l'an mil trois cens trente deux, & 1395. Cecile de Luſech.	Bertrād de Card. ſecond ſieur de la Capelle. 1339. Dauphine de Montal.
Bertrand de card. Baron de S. Cirq. mil quatre cēs vingt vn, Souueraine d'Ebrard S. Supplice.	Hugues de card. 1. ſieur de Bioule 1405. Marg. de Monbrun.	Bertrād de Card. troiſieſme ſieur de la capelle.
Iean de Card. Baron de S. Cirq. 1458. Maſcarouſe de Rabaſtens.	Antoine 1. de Card. Seig. de Bioule. 1451. Ieanne Guerin.	Bertr. 4. de Car. Seig. de la Cappelle. 1367 Dauſine d'Aurillac.
Raymond de Card. Seigneur de S. Cirq. mort l'an 1491. Iſabeau de Bouillac 1476.	Guillaume de card. Seig. de Bioule. 1501. Ieanne de Cauſſade.	Guill. de card. Seig. de la Cappelle 1378. Mathée de Cornac.
Iacques de cardaillac, Baron de S. Cirq. Ieanne de Peyre. 1505.	Pier. de card. Seig. de Bioule 1521. Marg. de Card. fille de Raym. de Card. Seig. de S. Cirq.	Guibert de Car. Seig. de la cappelle 1440. Bertrande Rob. de Lignerac.
Antoine de card. Baron de S. Cirq 1560. Marguerite de Caumont.	Antoine 2 de card. Seign. de Bioule mort l'an 1542. Claude de Caumont	Aſtore de Car. Seig. de la Cappelle 1477. Catherine de Gimel.
Antoine de Card. Baron de S. Cirq 1595.	Hector de card ſei. de Bioule mort l'an 1598.	Gilib. de card. Seig. de la Cappelle 1524.

Anne de Bourras- Marg. de Leuis, qui Ieanne d'Ar-
fier.   eut quatre fils, à 15. fueil.

Geofroi Ant de Card. en faueur duquel Bioule   Ant de
de Card fut erigé en Comté, il mourut l'an   Card. S.
Baron   1622. dans Beaucaire reuenant du siege   de la
de S.   de Montpelier.   Capelle
Cirq.   Marie des Voisins, sa F. morte en 1612.   1573.
Margu.   Messire Louys de Card. & Leuy,   Victoi-
de   Comte de Bioule, Vicomte de Lau-   re d'A-
Cours-   trec, Marquis dudit Card. Baron de   quino.
san.   Villeneufue, Gaix, la Bruguiere, Môt-
         redon, Fene, seignalens, & Castelnau   Fran-
         de Montmiral, Conseiller du Roy en   çois 2.
         ses Conseils, Mareschal de Camp en   sieur de
         ses armées, seneschal de la Ville &   la Cap.
         Comté de Castres, & Lieutenant ge-   Mag. de
         neral pour sa Maiesté au bas Langue-   Bour-
         doc.   bon.
         Lucrece d'Elbene sa 1. femme.
         Dame Marie Isabeau de cheurieres, &   Henry
         de S. Chaumont sa 2. femme, fille de   marquis
         Messire Melchior Mitte, de che-   de Car-
         urieres & de S. chaumont.   sieur de
         Iean Louys de Card Sr. de Monbrun.   la cap-
         François de Card. sieur de Manse.   pelle.
                                                   Elisa-
         de Pluuinel. sa f.
         François de Cardaillac, Baron
         de S. Sernin.
         Victoire de card. comtesse
         d'Arcos en Portugal.

Outre les belles charges qui ont esté possedées
par la maison de Cardaillac, il y a eu vn de ceste
famille, qui a esté grand Maistre des Arbalestriers,
qui estoit vne charge ancienne auant l'inuention
des armes à feu, respondant à present à celle de
grand Maistre de l'Artillerie.

Genealogie, à sçauoir, de la maison ancienne de Tolose, & de Lautrec, d'où est descenduë la maison de Montfa, & de S. Germier, verifiée par actes, & par vn manuscrit qui est au Conuent des Iacobins de Tolose.

Raymond 3. comte de Tolose.
constance, fille du Roy Louys le Gros

Taillefer Vicomte de Bruniquel, & de Montfa.	Raymond 4. comte de Tolose. Ieanne d'Angleterre.	baudoüin, Vicomte de Lautrec.
	Raymond cinquiesme. Ieanne fille d'Alphonse, comte de Poictiers.	Pierre Vicomte de Lautrec.
	bertrand Vicomte de Lautrec, par moitié.	Sicard Vicomte de Lautrec par moitié.
	Sicard Vicomte de Lautrec, par moytié.	
	bertrand Vic. de Lautrec, & Pierre de caraman.	

| Pierre Vicõte de Lautrec par huictiesme, seigneur de la bruguiere. | Isarn Vicomte de Lautrec par huictiesme & seigneur de Venez & Montredon. | bertrand Vicomte de Lautrec, par huictiesme & seigneur de castelnau. | Amaury Vicomte de Lautrec, par huictiesme & seigneur d'Ambres. |
| Guill. Pier. V. de | Philippe Vicomte de | La Dame de Pilars, & | brunette Vicomtesse de |

32 *Les antiquitez de la Ville*

| Laut. Seig. de Mōtfa. Mal. d'Anne de Paion | Laut. Seig. de Mōtredō. Laut. | Lautrec, Seigneur de Venez. | Alix de Laut. femme du Marquis de Mirepoix. | Lautrec, mariée au Vicomte de Narbonne. |

Pierre, V. de L. Seig. de Montredon, & de Montfa. — Jean Seigneur S. Germier.

Jean, V. de L. Seigneur de Montfa. — Guillaume seigneur de S. Germier.

Antoine V. de L. Seig. de Montfa.

| Pierre, baron de la bruguiere. | Philippe seigneur de Montfa. | F. Peirificarde, Seig. de Montfa. | Simon seigneur de S. Germier. Marguerite sanguinette sa f. |

Pierre, seigneur de Montfa Dame Anne de Noel, sa f. — Pons, Seigneur de Montfa.

Bernard, vicomte de Montfa. Marguer. de Vitrel. — Jean Seig de Montfa, mort sans enfans.

Alexandre, baron de Montfa.
Antoine, seigneur de Veyre.
Jean Cheualier.
Louyse.
Renee.

| François seigneur de S. Germier. brunette de Lordat sa f. | Jacques, Abbé de Gieucels. | Charles Seigneur de bosquets. | François, Abbé de Hambye. |

de Castres, Livre second.

| Simon mort jeune. | Isabeau de Combes Cerbairan Seign. de S. Germier. | Antoine Conseiller de Tolose. | Iean Seigneur de Massaguel. | Iacques Seign. de Massaguel apres la mort de son frere. |

Antoine sieur de S. Germier.
Ieanne de Varege de Beleira.

Iacques sieur de S Germier
Marie de Lautrec.

Marquis de Tolose & de Lautrec sieur de S. Germier. Isabeau de Lacger.	Marc-Antoine de Lautrec, sieur de S. Germier.	Paul de S. Germier, sieur de Durfort.
	Louys. Iean. Iacq.	Pierre Marie.

| Marie fem. de Mr. Me. Pierre de Carlot, Seigneur de Cesterols & de Cayla, & Conseiller en la Chambre de l'Edit de Castres. | Margot, mariée au Sieur du Caussé. | Lucrece, mariée au sieur de Garroule. | Isabeau mariée au sieur de la Brunié. | Louys. |

N

Les antiquitez de la Ville

La susdite Alix de Lautrec, femme du Marquis de Mirepoix, est releuée en bosse auec son mary, au Chasteau de la garde, prés de Mirepoix, auec ceste inscription.

Ion, & Alix de Lautrec,
Auen bastit aquest Castet.

J'ay aussi parlé d'vne Armoise de Lautrec, au Chap. des Cordeliers, où i'en ay baillé l'Epitaphe.

Il est aussi à noter que la maison de Montsa, a fondé le Conuent des Religieuses de Vielmur, sous cette conditiō, qu'il n'y pourra auoir des Abbesses que de la maison de Montsa, lors qu'elles viennent à manquer.

4. Genealogie, à sçauoir, de l'illustre maison de Bayard.

Gilibert de Bayard, Baron de Brialle, & Secretaire des Estats de François I. vers lequel lors qu'il fut prisonnier en Espagne, il fut enuoyé en habit de Cordelier, pour l'entretenir des affaires de son Royaume, & apres fut enuoyé en Ambassade par le Roy, pour espouser en son nom la Reyne Eleonor. Robertet son frere, Euesque d'Alby.

Il estoit de Bourbonois, & allié des maisons d'Estrée de Sourdis, de Seneterre, &c. Et fit bastir les trois plus belles maisons de Bourbonnois & Auuergne, entre lesquelles sont Bricadet & Brialle.

Michel de Bayard, Baron de Brialle, & Ferrieres, & Seneschal de Castres.

Dame Marg. de Guillot, sa fem. aisnée des six filles de Guillaume de Guillot, & de Damoiselle Anne de Maine, (tante du Comte du Bourg l'Espinalle, & des Sieurs de Sauailan) duquel il auoit eu la charge de seneschal que ledit Guillot tenoit de Pierre de Maine Seign. du Bourg son beau pere.

Pierre de Bayard, seneschal de Castres, Magdelene du Fresne Canaye, sa f. fille de Messire Phil. du Fresne Canaye, President en la chambre de l'Edict de Castres.

Louys de Bayard, Baron de Ferrieres. Dame Gabrielle de Monteam, sa fem.	Pierre. Michel. Frederic Cæsar.	Marie. Magdelaine.
Pierre de Bayard.	Isabeaude Bayard.	

Le susdit Guillaume de Guillot eut six filles, qui furent toutes richement mariées, à sçavoir Marguerite, au susdit Michel de Bayard. Claude au Sieur de Mirandel en Quercy. Françoise, au Baron de Saincte Fortunade, en Limosin. Françon à Monsieur de Breche, en Auuergne. Isabeau à Mr. du Causté, & Marie, à Mr. de Ponssenac en Bourbonnois.

5. Genealogie, à sçavoir, de l'illustre maison de Noël.

Noble Arnaud de Noël, & Raymonde de Marquier, de Castres, fille d'Atric Marquier, seigneur directe de la Croisete, Leiert, Loisseson, Cambonez, Castelnau, Belfortez, Galibran, Foncaude, &c. 1448.

Antoine de Noël.
Anne de Manent, sa f. 1516.

| Vne fille femme du Sieur de Massals. | François de Noël. 1511. |

Pierre de Noel. Madame Françoise de Gep. 1560.

Jeanne, fem. du sieur de Semalens & Jean de Noel, marié auec madame Marie de Saix, de la maison de Pauligni, d'où n'est sortie que,

Madame Jeane de Noel femme de noble Marquis de Gep, Seign. de Sauuian, Lesert, la croisette, Galibran, &c. qui pour son merite & capacité a eu diuers emplois tres-honorables, comme j'ay dit cy-deuant.

Messire Jean de Noel, Sr. de la Croisette, S. Afrique Môtespieu, &c. qui ayât rendu de tres notables seruices à Mr. Dampuille, principalement à la bataille de Dreux, où il côbatit la pique en main lors qu'il tomba de son cheual, & puis à la prise de Montpelier & de Castres, le fit en recompense Lieutenant de sa côpagnie de caualerie, & puis son Marechal de camp, & enfin Gouuerneur de Castres, comme j'ay dit ailleurs. Madame Marguerite de Sales sa fem. heritiere de la Griffoul.

Renée femme du Vicomte de Montfa.
Anne femme du Baron de Montfa.
Dauphine femme du sieur de Montauriol.
Marguerite fem. du Sr de Bosouls.
Jeane fem. de Messire Abel du Sue, President à Castres.
Charlote qui fut tuée auec sa mere, cômè je diray cy-apres.

Jaq de Noel. Marg. de Lautrec, heritiere de Massaguel.

Jean de Noel. Sr. de Massaguel. mort 1649.

François Sr de Massaguel.

Claude de ... Jeane fem. du Sr de Viuiers 1560.

de Castres, Livre Second.

Genealogie, à sçauoir de l'ancienne maison de Saisse de Castres, fondatrice de la Chartreuse de Seau-uoir, ou de Soussac, lez Castres.

Durand Saisse. & Raymond Saisse freres.
1122.
|
1170.
Arnaud Saisse.
|

Ar- Ber- Pier- 1210. Pier- Pey- Ber- Ar-
naud nard. re. Ray- re. ronne. nard de mend
Saisse   mond   ... ... cent..
Advo- | | de..
cat. | |
|
Jean & Arnaud.   1248   1252.
| Pierre bernard Saisse.
Jean Ray- Ber- Saisse Jolinde sa fem.
      mond. nard. & Am- |
                  blande Pierre. Jean. Arnaud.
                  de | | |
                  Bretes, Geor- ber- Ber-
                  mariez. ge.   nard. nard.
|
Fonce Ar-   1262.   Jeanne f. Fine,   Amau-
Saisse naud Raymond   de bren- fem.   de fem
Reli- Saisse Saisse   guié de de ber- me de
gieux Advo- fondateur Bretes. nard   Iaques
de s. cat. de la   de   de ca-
be-   Char-   Tho-   priol.
noift   treuse de   rene.
de Ca-   Castres, &
stres.   Comtulte
             de Bretes
             mariez.

N 3

38   Les antiquitez de la Ville

7. Genealogie, à sçauoir, de Centulie de Bretes, de
Castres, femme de Raymond Saife.

Brenguier de Bretes, & centulie, mariez.

Pierre Bréguier de Bretes, & magne, mariez.	Brenguiere de Bretes.	Bréguier de Bretes, & Audeberte, mariez.	Amblarde femme de Pierre Saide.	Aybelie & Amiel Albert, mariez.
Auger de Bretes. Pierre Brenguier de Bretes.	Brenguier de Bretes Escuyer.	Centulie de Bretes, femme de Raymond Saife, fondateur de la Chartreuse de Saix.	Jeanne fem. de Bréguier de Bretes	Albert. Amiel Albert.

8. Genealogie, à sçauoir, de la noble, & ancienne famille des Bouffards de Castres, verifiée par actes authentiques.

François de Bouffard, qui fut premier Consul de Castres l'an 1318.

François, qui fut premier consul de Castres, l'an 1360.

Hugues premier, Consul, és ans 1377. & 1382.

François, premier Consul, és ans 1293. 1298. & 1406. il fit bastir la premiere chambre du costé d'Agoust, au cloistre de la chartreuse de Saix.

François, premier Consul, l'a n 1416.

de Castres, Livre Second.

...ma...de de Galaub, sœur de Guillaume Galaub, Iuge ...aire de Castres, l'an 1593. & 1594.

François, sieur de la Garrigue.
Antoinette de Capriol, sa femme.

Dominique, sieur de la Garrigue.
Ganice de Melon sa femme.

...çois sieur de la Garrigue, & Fisc, premier consul, l'an 1559. Guillemette de la Garde de Trotopely sa femme.

...minique, sieur ...la Garrigue, pre... Consul, és ans ... 1576. & 1582. ...eanne de Dupin, Citailles sa fem.	François, sr. de Fisc. Ieanne de Perrin la Roque sa femme.	Iean, sieur de la Grange. cettuy-cy print Burlats, le 6. Octobre 1573. & Castres le 23. Aoust 1574 & y commanda pour lors les armes, il fut aussi gouuerneur de Saix, l'an 1577. par commission du Duc de Montmorancy, print Montcuquet audit an, & Puechasaut l'an 1578. fut gouuerneur de Fristesse & Fisc, l'an 1591. & premier Consul de Castres, l'an 1600. Catherine de Molinier sa femme, fille de Mr. Me. Estien de Molinier, conseiller en la Chambre de l'Edict seante à l'Isle.
Samuel sieur de la Garrigue, premier Consul, és ans 1608 1615. & 1634. Ieanne d'Amans le Gros, sa femme.	Ieane, mariée au Sr. de Poncet, Tresorier de la Ville & comté de Castres.	
...çois, Docteur & Ad...cat, ...ne ...Alary. si...an. Iean Ant. Iez François. Paul, & Iean.	Paule, femme de Mr. Terson, sr. de S. Sernin. Marger, femme du sieur Portal, de Re-uel.	
		Iean, sieur de Bradiane, premier Consul, és années 1622. & 1639. qui pour sa capacité non commune, a esté souuent deputé à la Cour. Ieanne le Rey, sa femme.

...bete, fem. de Mr. de Roux. Henry, Docteur & Ad-Ieanne, & Honorée. uocat, & François.

Des Armoiries de la susdite Noblesse.

CHAP. VI.

LES armes de Monsieur d'Amboise Comte d'Aubijous sont l'escu palé de gueules de 6. pieces.

Celles de Monsieur d'Ambres sont de Leueron à 5ç. vne face d'argent chargée d'vn leurier, & puis escartelé au 1. de gueules à vn leurier rampant, au 2. de gueules au Lyon d'or, au 3. de gueules, à la Croix d'or, au 4. de gueules à trois faces iaunes, & sur le tout vn escusson auec deux fusées.

Louys de Bourbon Marquis de Malause porte de Bourbon, à la barre d'argent.

Louys de Cardaillac Comte de Bioule, & gouuerneur pour le Roy au haut Languedoc, porte de gueules au lyon d'argent, à l'orle de besans de mesme.

Messire Iean de Fossé, porte d'azur, à la bande d'argét, separant vn lyon & vn cerf courans, d'or, le lyon estant dessus & le cerf dessous, auec cette deuise à l'entour. *Time, & aude, durabis, & Vinces.*

Sainct Gennier porte au 1. & 4. de gueules à 2. vaches d'or accornées & clarinées d'azur, & au 2. & 3. porte de Tolose qui est de gueules à la Croix clechée & pometée d'or, qui sont les armes de la Prouince de Languedoc selon Andoque, &c.

Messire Gaspar des Vignoles, President porte parti, au 1. escartelé, au 1. & 4. 3. paux auec vne face chargée de 3. boutons de rose, qui est Vrlieres, de Castres, Livre Second. 41

u 2. & 3. vn chasteau enuironné de vigne auec vne face chargée de 3. Paons.

Au 2. escartelé aussi, à sçauoir au 1. vne harpe auec 3. fleurs de lys au dessus, & vne barre au milieu, qui est Arpajon, au 3. de Tolose, au 2. vn escu plein de bandes, & au 4. 3. faces.

Louys de Bayard de Brialle, Baron de Ferrieres, porte au 1. & 4. de Bayard, qui est d'azur à vn cheuron d'or brisé, & 3. estoiles, 2. en chef, & vne en pointe, au 2. & 3. de Ferrieres, qui est 3. tours l'vne plus esleuée que les autres.

Les armes d'Auteriue sont 5. bandes de gueules en champ d'or, chargées de dix coqs d'argent.

Monsieur de Loubens sieur de Verdale porte de gueules, au loup rampant d'or.

Des hommes illustres qui rendent Castres recommandable, pour y estre nais, ou à ses enuirons, ou pour y auoir passé la pluspart de leur vie.

CHAP. VII.

SI selon vn ancien Philosophe les bons Citoyés sont les murailles des villes, il n'est pas hors de raison de dire, que les hommes doctes en sont l'embelissement & le lustre. Or la Ville de Castres ayant produit beaucoup de personnes de grand merite, & qui ont donné de l'esclat non seulement à leur lieu, mais à toute la France, i'ay creu que i'en deuois faire icy vn Chapitre.

Lambert Daneau a fait les liures suiuans. Opuscula Theologica. Politica. Compendiũ Theo-

42   *Les antiquitez de la Ville*

logiæ. Erotemata Theologica. Methodus sa-
cræ scripturæ & Comment. in Epist. ad philemo-
nem. Ethica Chistiana in Augustinum de hæresi-
bus, & eiusdem enchiridion ad Laurentium cum
commentis Danæi. La vie de S. Paul. Traicté
de l'Antechrist, traduit en Latin par P. F. S. M.
vn Traicté des Sorciers, & du ieu des cartes & des
dez. La Physique françoise. De la Messe &
transubstantiation. De prima mundi ætate, &
vetustissimæ primi mundi antiquitates. Contra
Petrum Lombardum Episc. Paris. magistrum sen-
tentiarum vocatum. la Geographie en vers latins. Quæstiones in Mathæum. Commentaria
in Mathæum. Isagoge volum. 3. Contra Bel-
larminum volum. 3. Elenchus hæreticorum.

Il mourut dans Castres l'an 1595.

Guillaume de Nautonier sieur de Castelfranc a
escrit pour la nauigation la Mecometrie de l'Aimant en diuerses langues, comme son nom le sembloit promettre, pour laquelle le Roy luy donna
douze cens liures de pention tous les ans, durant
toute sa vie. C'est vn liure tout plein de doctrine,
& qui a esté tres-bien receu de tous les Royaumes
estrangers, bien que l'enuie ait taché de le noircir
par la bouche de Donot, mais c'est l'ordinaire que.

Alta petit liuor, perflant altissima venti,
Alta petunt dextra fulmina missa Iouis.

Il a fait aussi, vn Diaire astrologique. Et sa mort
qui fut l'an 1620. nous a priuez d'vne tres-belle
& exacte Cosmographie, qui est entre les mains
de son fils, mais le prix excessif des planches fait
demeurer cette lumiere sous le boisseau.

Corras, homme fort illustre, estoit natif de trois

de Castres, Livre Second. 43

sieges de Castres, à sçauoir de Realmot, il fut Conseiller au Parlement de Tolose, ayant esté auparauant Professeur en Droit à Valence, Ferrare & autres lieux, & a composé les Liures suiuants. Variæ in varias iuris partes interpretationes, volum. 3. Centuria memorabilium tum scholast. tum forensium Senatus-consultorum curiæ Tolositis. De posthumis. Miscellanea, In tit. de iustitia & iure. La fameuse Histoire de Martin Guerre. Du bon & entier Iuge. Paraphrase sur l'Edit des mariages clandestins.

Messire Phil. du Fresne Canaye Presid. de Castres, auquel Casaubon a dedié ses Notes sur le Nouueau Testament grec, & son Suetone, a fait les ouurages qui s'ensuiuent. Remonstrances à l'Eglise de Castres, & plusieurs harangues, &c. Mais son plus remarquable ouurage est la traduction en françois de l'Organe d'Aristote.

Monsieur Mre. Louys de Iaussaud Conseiller en la Chambre de l'Edit de Castres, a traduit le Thucidide de grec en françois pendant sa ieunesse. & a fait le Carmen de rebus gestis Ludouici 13.

Monsieur Mre. Samuel d'Escorbiac Conseiller a fait vn gros recueil d'Arrests intitulé Second tome de la Bibliotheque Tolosaine.

Iean Dant a fait le traicté du Chauue, ou le mespris des cheueux. A traduit la Philis de Scyre d'Italien en vers François. A faits les traictez du Ris & du Ridicule qui sont dans le ieu de l'inconnu. & a encore plusieurs beaux ouurages qui meritent de voir le iour comme la relation de son voyage en Marroc, & ses Poësies.

Iacques Seuerac, a fait vn Traicté des Lots, &

v[i]tes. Et vne table de la liquidation de la qu[in]te legitime, &c. Son frere auoit fait vn traicté Luce primigenia.

Iean Vigier Medecin de Castres a fait les Liu[res] suiuans. La grande Chirurgie des tumeurs. [La] grande Chirurgie des vlceres. l'Enchiridion a[na]tomic. Les Axiomes ou fondemens chirurgica[ux]. Vn traicté de peste. Les Aphorismes d'Hypoc[ra]te en latin & françois, rangez en vn ordre fort e[x]quis & methodique, selon la disposition des p[ar]ties du corps humain, auec les Sentences plus [in]signes & graues de Celsus. La traduction de l'E[n]chiridion chirurgical de Chalmetée, de latin [en] françois. Tractatus absolutissimus & accurati[ssi]mus de catharro Andreæ Laurentij è Gallico [in] latinum versus. La quantité des Editions qu[i] sont faites de ses œuures fait voir ce qu'on le[s] estimées.

Monsieur de Rotan a fait vn Liure dit l'Ort[ho]doxe.

Monsieur Iosion a imprimé sa dispute con[tre] Sapets & Camard.

Monsieur Sauois a fait vn examen de la co[n]science & vn Catechisme.

Rasin de Realmont a fait vn Dispautere en v[ers] françois.

Fabre Ingenieur du Roy a fait plusieurs Liu[res] & cartes, & entre autres celle des Grisons.

Monsieur Maistre Pierre de Fabry sieur de R[o]quairols, Procureur du Roy en la Chambre [de] Castres, a fait imprimer ses Conclusions d'A[u]dience, auec quelques harangues à la fin.

Maistre Iean Boné Aduocat, & Substitut du P[ro]

de Castres, Liure Second. 45

cureur du Roy, a fait vn liure de plaidoyez curieux, qu'il a portez en cette Chambre.

Dauid Detos a fait vn traicté des droits appartenans au Comte de Castres.

Rastiguier a fait plusieurs Comedies, & autres pieces de poësie, entre lesquelles sont la Tragicomedie de Celadon, & Astree, & les Bourgeois de Paris. Il a aussi traduit l'Aminte du Tasso.

Iacques Borel mon pere, a fait imprimer diuerses pieces de ses poësies, entre lesquelles sont les larmes de sainct Pierre, & de la saincte Vierge. Et le renouueau de la paix.

Guerin du Bouscat de Realmont a fait plusieurs Comedies & Romans, comme le Romant d'Antiope. Vne Harangue funebre pour Monsieur le Card. de Richelieu, L'Enfant desaduoué Comedie.

Gau Fregeuille de Realmont a fait vne Cosmographie.

Si ie voulois mettre tous ceux qui ont des manuscripts à imprimer ou qui font esperer de leurs ouurages, ou ceux qui ont fait de petits liures, ie grossirois trop ce traicté, c'est pourquoy ie les passeray soubs silence.

Il ne faut pas oublier à mettre entre les personnes qui honnorent Castres, François Rabelais Medecin qui y a coposé vne partie de ses œuures, & y a exercé la Medecine. Et le Capitaine Emeric de Castres, qui a esté l'inuenteur des petards, comme aussi le sieur Iacques Souuiran, du lieu de Braslac pres de Castres, excellent Graueur, & faiseur de Fusils, qui a trouué depuis peu vne inuention admirable, par laquelle il fait qu'vn Fusil tire 50. coups auec effet, sans le charger qu'vne seule fois.

Documents manquants (pages, cahiers...)
NF Z 43-120-13

Auant que finir ce Chapitre ie diray comme il a paru depuis peu deux Liures intitulez, l'vn la Paraphrase des Institutes, & l'autre, meslange de diuers problemes, sans nom, mais ayans esté receus auec aplaudissement general, ie croirois faire tort à cette Ville si ie ne disois qu'ils ont esté composez par Messieurs Paul, & George Pelissons qui sont des esprits dont le sçauoir vniuersel ne promet pas peu de lustre au Languedoc.

Le sieur Iean Alegré Aduocat a imprimé diuerses Cronologies, & pieces de Geographie tres-curieuses, & fera voir bien-tost d'autres pieces plus considerables touchant la Geographie & Histoire, esquelles il est grandement versé.

Monsieur Maistre Jacques de Ranchin Conseiller en cette Chambre, a fait aussi imprimer ses Poësies Chrestiennes.

Et en dernier lieu le sieur Gabriel Ducros, a fait & donné au iour, vn Traicté de la peste, en Latin.

Des mœurs & Religion des habitans de Castres, auec quelques Epitaphes anciennes.

Chap. VIII.

IE ne croiray pas d'estre accusé deflaterie si ie dis, qu'il n'y à point de personnes en France mieux morigerées que celles de Castres, la douceur qui paroist tant en leurs visages, qu'en leurs discours, & en leur conuersation les fait affectionner aux estrangers, & distinguer aise-

n... ...s se tourne au premier coin & reuient au lieu ou elle auoit sauté la ruë.

La quatriesme, est la Gache dite de Raimond de Castres, qui commence à l'Albinque au costé droit, lors qu'on vient de la porte, & descend iusqu'à la maison de Monsieur de la Deuse, où estoit iadis vne place, dans laquelle estoiēt les mesures du bled, dite à cause de cela, la place de las Pialetes, qui furent apres transportées à la grande place, prés du Cōuent des Freres Prescheurs, & de la va iusqu'à la susdite maison du sieur de la Barthe, & descend iusqu'au premier coin, puis monte iusqu'à la ruë desdits Boissiers, ou Boursiers, & de là, iusqu'à la ruë droicte. Elle prend aussi la ruë du College, & celle des Cordeliers, de part & d'autre.

La cinquiesme, est la Gache Gaubert, qui commence à la maison de Monsieur le Roy, & de là venant à main gauche, descend iusqu'à la halle, puis se tourne & monte iusqu'au Temple, & se rend au portal neuf, comprenant tout ce quartier de Ville, qu'elle embrasse.

La sixiesme, est la Gache Barginac, qui commence au pont neuf, & descend iusqu'à la place, & de la va à la porte neuue, comprenant tout ce qui est enclos dans ce circuit.

La septiesme & derniere, est la Gache du pont qui comprend tout Ville-goudon.

Les noms des portes de la Ville de Castres, sont du costé de Castres.

1. La Portanelle, dite, ainsi d'vn diminutif de porte.

2. La porte de l'Albinque, dite ainsi, parce

– porte Royale.
3. Le Portal neuf,
4. La porte du Thresor, ou Tolosane, dite ainsi, parce qu'elle est du costé de Tolose.
5. La porte neuue, dite anciennement la porte de Montfort.
6. La porte del Trauc, prés du Palais.
Les portes de Ville-goudon, sont.
7. La porte d'Ampare, prés des masures de l'ancien Chasteau de Roquecourbe.
8. La porte de Ville-goudon, ou Narbonnoise, dite, aussi de la Guitarde.
9. La porte de Fusier ou Fesier par abusion, dite, de saincte Foy, prenant le nom de la ruë de saincte Foy.
10. Et la porte de saincte Claire, ou de Miredanes, bastie l'an 1569. auquel temps toutes les autres de Ville-goudon furent fermées à cause des guerres, & ce fut pour cette raison qu'elle fut appellée la porte des troubles. On l'appelloit aussi la porte du Temple. Il est aussi parlé és anciens actes d'vne porte, dite, *porta guierra*, & *porta Latina*, mais ie ne sçay qu'elle on doit entendre, fors que ce soit de celles qui furent démolies par l'augmentation de la Ville.

Les noms des ruës de la Ville de Castres sont,
La rue de l'Albinque à la place, dite, la rue droite, ou de la Sabatarie.
De l'Albinque à la Trinité, la rue de l'escole vieille, & la petite place de la Trinité, la rue des Boissiers, & la rue des forgerons.
Allant du four neuf à la rue droite, la rue de Nauzinauquié.

Allant du coin du Temple à la Trinité, la rue du rieuré, & du mesme coin allant vers la porte neuue, la rue de Mouledier.

Allant du Temple à la petite place de Landes, la rue de Bretes, & la rue des Landes.

Allant de la Tolosane à la Platé, la rue Roüiue.

Allant de la porte neuue vers la place, la rue de Beaufort.

Allant du mesme coin à l'Eglise des Ormeaux la rue des Pradals.

Allant de la mesme Eglise à la place, la rue de la Coutelerie.

Allant de la place à la Conciergerie, la rue dal Masel viel, & de celle-là iusqu'à la Tour caudiere, la rue du Malpas. Ladite Tour Caudiere est dite, d'vn nommé Caudiere, duquel le bien fut cōfisqué, ou selon quelques vns, comme qui diroit Tour Gotiere, c'est à dire des Goths, C'estoit la demeure de quelques Comtes de Castres.

Allant du Greffe à la Tresorerie, la rue de la Triperie.

Allant du Capitoul (lieu dit ainsi, parce qu'il appartient au Chapitre de Burlats, luy ayant esté donné par vn Comte de Castres) au pont vieux, la rue de Panedeutes.

Allant du pont vieux à la Maison de Ville, la rue dal Coussoulat, touchant laquelle Maison Consulaire, est à notter qu'elle fut acheptée l'an 1374 de Bernard Pradez, prés de la est la rue de na-Ramon, qui est celle du Chasteau Mouton.

De la maison de Ville à la riuiere, la rue de Bertrac, qui est des plus anciénes de la Ville, dite ainsi d'vn mot Alemand qui signifie assemblée.

Du pont vieux à la porte de Fusiés, la rüe sainéte Foy.

Allant du Pont vieux à l'Hospital, la rue de Fagerie.

De l'Hospital à la porte de la Guitarde, la ru de Malbec, de la au cimetiere sainét Iacques, la ru Dencadenes.

De la Guitarde, au pont neuf, la rue de la pa toularié.

Du Pont-neuf aux moulins, la rue d'Ampare.

Du Consulat de Castres, de ses confronts & limites, & de ses Parroisses.

CHAP. XI.

LES confronts du Consulat de Castres sont, de la riuiere de Canebras, ainsi comme est la carriere du deuez de Burlats, tirant droit à Monsa, iusqu'à la Croix d'en Pessin sous la Ville, & de la dite Croix iusques à prat Andrieu, & iusques à l'E-glise de Campairaigues, & sous la Ville, & de la dite Eglise, iusqu'au mas dels Puecheimars, ainsi que va auec le ruisseau Deybets sous la Ville ius-ques à Agout, & les tenues outre Agout sont com-me appert le bois des paissieres sous bas la Ville, & la moitié de la Malsaignée, dessous, ainsi comme la carriere de Castelnau s'en môte iusqu'à la vigne qui fut d'Arnaud de Sire, dessous bas la Ville, & ainsi comme le pré de Caudiere s'en va dessous bas la Ville, & ainsi comme va Costepelade iusques

au

u bois de Sainct Vincent, & la Bouscause des esats, iusqu'au ruisseau, de Teillere, iusqu'à la tenance de Bertrand Car, & tout le masage de Douegne, ainsi que va iusques à las Latieires, & al Bouscarel, & ainsi comme le ruisseau passé, iusques au pas de Vaque rouge, & comme va la carriere & monte droict à la vena, & aussi comme Valaserre iusques au Garric Boussat, & iusques à la tenance des Peiroles, iusques au pas de la Badeta, & outre duren que ainsi que passe le ruisseau de Aigua esparssa iusqu'à l'Estang, & dudit lieu retourne iusques à ladite Ville.

Cecy est tiré mot à mot d'vn vieux acte qui fut fait l'an 1553. à la maison de Ville.

Les Parroisses qui dependent du Consulat de Castres sont, deux dans la Ville, & douze dehors. Les deux de dedans sont, la Platé, ou Nostre Dame, dont l'Eglise a esté bastie depuis peu, là où estoit le clocher de la Platé, & celle de Sainct Iacques, dont l'Eglise estoit autresfois ioignant le clocher de Sainct Iacques, & maintenant est, là où estoit le Temple de Ville-goudon.

Celles de dehors sont les suiuantes.

Sainct Auit. La Fosse. Sainct Estienne de Cahusac. Nostre Dame de Farges. Campans. Sainct Martin. Sainct Hypolite. La Case. Sainct Marsal de Camarens. S. Iulien de Gais. Sainct Laurens d'Auteriue. Ste. Foy, aux faux-bourgs de Castres.

Q.

Des lieux qui dépendent du Diocèse de Castres, auec quelques curiositez de quelques-vns d'iceux.

Chap. XII.

Es lieux dépendans du Diocese de Castres, sont les suiuans.

Sainct Amans de Valtoret, où il y a des fours qui fourmillent de Serpens en plein Hyuer.

Ambres. Arifat. Aumontel. Aullac. Barry. Berlats. Le Bez de bel Fortez. Brassac de bel Fortez. Brassac de Chasteau-neuf. La Bessiere. La Bolbene. Boissesson d'Aumontel. Boissesson de Maluiel. Brasis. Brousse. Briateste. Burlats. Cabanes. Cabanez. La Cabarede. Cambonez. Cabrilles. Carues. Caucalieres. Castanet. La Case de Senegadez. Le Caussé. Chasteau neuf de Brassac. Chessols. Le Contrast. La Crosete. Cuq. Enages. Esperausses. Ferrieres. Fiac. Frejeuille. Gijoner. Gibrondes. Grauliet. Las graisses. Ianes. L'Albarede. La Caune, où il y a de bons bains. Lautrec. Le Laus. Le Mariech. Mandoul. La Martinié. La Miate, ou Damiate. Milsecle. Montcocu. Montdragou. Montfa. Montlaidier, où il y a vn horrible precipice, & où on dit s'estre autresfois trouué vn Dragon, & vne Escarbeucle.

Montlairez. Montredon de Montredonez. Montpinier. Murat. Parisot. Peiregous. Puicaluel. La Pemardele. Le Poniol. Prouilier.

de Castres, Liure Second.

gues, Roquecourbe, Roquefere, Rouayrous, Silueterre, Senaux, Seruiez, Senegats, S. Iulien du Puy, Sainct Iean de Bais, lieu plein d'Vrnes, & où on a trouué beaucoup de Medailles antiques.

Sainct Germier, Sainct Gaufens, Sainct Geniez de Baransal, La Bastide S. George, Sainct Geruais, Treuili, La terre balle, Vabre, Valdurenque, La Valete, Vielmur, Lou Vintrou, Viane.

Venez, où se trouuent des os petrifiez, qui au feu viennent de couleur de Turquoise.

Item les terres de l'Abbaye d'Ardorel (dont les Moines ont esté transportez à la Rode) au prés de Gais, & enfin Dauity, dit, que le Diocese de Castres comprend 412. Parroisses, ou clochers, & 77. Consulats, & encore y en a-t'il d'auantage, parce qu'on en accouple plusieurs deux à deux.

Des lieux qui dependent du Diocese de Castres, il n'y a que 14. Villes maistresses qui entrent à l'assiette, à sçauoir Lautrec, la Caune, Castelnau de Brassac, Sainct Amans, Briatelle, Grauillet, Viane, Montredon, Sainct Géruais, Fiac, Roquecourbe, Boisseson d'Aumontel, Esperausses, & la Cabarede. Desquelles six seulement vont aux Estats, de sept en sept, à sçauoir, Lautrec, la Caune, S. Geruais, Sainct Amans, Montredon, & Castelnau, & trois qu'il y en a, à sçauoir, Grauillet, Briatelle, & Fiac, n'y vont que de 21. en 21. an, ne tenans toutes trois qu'vne place au septenaire.

Les armoiries de ces 14. Villes se voyent sur vne porte de la Maison de Ville, la premiere qui est Lautrec, porte vn arbre, & vn Chasteau à trois Tours,

Q 2

la seconde, vn homme sonnant du cornet, & ten vne couple de Leuriers, la troisiesme vn Chasteau à trois Tours, ayant en chef trois Fleurs de Lys, l[a] quatriesme, deux Lions tenans vn Escu. La cinquiesme, vne teste enuironée de neuf fleurs de Lys la sixiesme qui est Grauillet, porte party, au premier, vn espic de bled, & au second vn T. la septiesme porte vn trident, ayant sous soy, & à ses costez trois pieds de Lyon, la huictiesme, porte vne harp[e] & vne fleur de Lys à chaque costé, la neufiesme, tro[is] fueilles de Chesne ou Erable, la dixiesme, qui e[st] Fiac, vn arbre, & au chef 3. fleurs de Lys, la vnziesme qui est Roquecourbe, porte trois rochers, & au chef trois fleurs de Lys, la douziesme, porte v[n] pin, la 13. à l'Escusson vuide, & la 14. qui est l[a] Cabarede, porte seulement trois fleurs de Lys a[u] chef.

Des lieux qui sont des appartenances du Comté de Castres.

CHAP. XIII.

PRemierement, la Ville, & Faux-Bourgs de Castres, & puis,

Roquecourbe. Burlats. Boissesson d'Aumontel. Brassac de chasteau-neuf. Esperausses. Viane. Montcocu. Laginié. Aumontel. Caucalieres. Lacaune. Valdurenque. Montlaidier. Vintrou. & le Mariech. Cambonez, & la Valete. Sainct Amans de de Valtoret. Rouayrous. Salueterre. Lacabarede. Boissesson de Maluiel. Enages. Cabanez

de Castres, Liure Second. 61

& Barry. Lebez de Belfortez. Brassac de Belfortez. Escroux, & Roquesere. Gijonet, Senaux. Pomardele. Lelert. Berlats. Ferrieres. La Crousete. Ianes. Rasiac. Montredon. Venez. Agrifoul. La Case de Senegadez. Senegats & Treuisi. Vabre. Sainct Geruais. S. Geniez de Baransal. Castanet. Briateste. S. Gausens. Grauilliet ou est Crins, lieu de plaisance de Monsieur d'Aubijous.

Misegle. Ambres. Fiac. La Bastide S. George. Cabanes. Las Grailles. Murasson. Campans. Cambon. Masluguiez. Ornac. Arifat. Granual. Auteriue. Gais. La Valette. Le pont de Larn. La Strade du Causse. Cambonez. La Tribale. Le Causte. Castel-franc. La Bechomié. Roquesiriere. Le Trauet. Montans. S. Fœlix.

La Grange de Gasquignoles, & ses appartenances.

Les Forests de Poujet, & Frejairoles.

Le Moulin de Montsaucon, & les Forests des enuirons.

Florentin. Tecou. Cadalen. Alban. Teillet. Chasteau vieux. Realmont. La Fenasse. Roustiac. Carlus. Saillez. Brasis. Gabriac. Le Taur. La Bessiere. Mousens. Girousens. Coufoulens. La Miate. Aussac.

De Castres dépendent aussi le Vicomté de Lautrec, qui contient les lieux suiuans.

Vielmur. Seruiez. l'Albarede. le Pujol. Froideuille. Puiçaluel. Gibrondes. Cuq. Mandoul. la Bessere. la Boulbene. Montpinier. S. Germier. Peiregous. Cabrilles. Prouiliergues. S. Iean de Bals. le Laus. Montsa. Brousse. S. Iulien Depy. la Martinié. Carues. Montlairez. le

Q 3

Contrast, le Bousquillou, Maluignol, Fenairols, la Mothe, Varagnes, Lengary.

Comme aussi en depend le Vicomté d'Embialet, & Villefranche prés d'Embialet.

Le Vicomté de Paulin, le Vicomté de Murat, la Baronie de Lombers, au Diocese d'Alby, d'ou dependent, Lombers, Mondragon, Peyroles, Parisot, la Pelissarié, Tersac, Fenols, la Bruguerete, la Boutarié, Poulan, Freiairoles, Pousols, Fauch, Escabrins, Orban, Marsal, Ronel, Bellegarde, Puechgoufou, Teulet, S. Tyberi, le Bruc, Roumegous, S. Antonin, Siéurac, sainct Benoist, Coudols, Conils.

Il depend encore du Comté de Castres. La Baronie de Lesignan, au Diocese de Narbonne, ou il y auoit autresfois deux estangs, qui ont esté dessechez & sont labourez à present selon Desos, de cette Baronie dependent, Lesignan, Castelnau de Riuedaude, Montrabech, Toroselle, Caumont, Couillac, Tonens, Seraine, Fontasels, la Bastide de Lengous, la Vezole & la Serre.

La Baronie, de Berens, Diocese d'Alby, comprenant, le Chasteau, de Montans, & Serallame, prez de Gaillac, duquel ie diray en passant que c'est le lieu de la naissance de Barthelemy Cabrol grand Anatomiste, comme ses escrits le témoignent.

Et la Baronie de Curuale auec le Chasteau, Diocese d'Alby, d'où depend Villeneuue, Castang, Montredon, Mules, & Verdu.

Des Rivieres, & Fontaines de Castres, & de leurs noms & raretez.

CHAP. XIV.

Il y a deux Rivieres à Castres, l'vne qui passe dans la Ville, separant Castres de Villegodon, qui s'appelle Agoust, & *Agutus*, Agoust, parce qu'elle est d'excellent goust, & fort bonne à boire, ou parce qu'elle est le goust des neiges de nos montagnes qui la grossissent fort quand elles viennent à se fondre, ou elle est nommée Agoust à cause d'Auguste, comme nous auons dit cy-dessus.

Pierre de Vassernay Chap. 49. l'appelle *Agotus*, & Masson, l'appelle *Acutus*, la bonté de cette riuiere procede de ce qu'elle vient d'vne excellente fontaine qui est prez de la Saluetat. Voicy ce qu'ô dit Dauity, au Livre du monde. l'Agoust vient des montagnes de la Caune, traverse le Castrés, passe à Fraissé, Brassac, Roquecourbe, Castres, Lauaur, S. Paul & Damiate, puis se iette dans le Tarn.

La riviere dont nous parlons, orne beaucoup la Ville de Castres, & serpente extraordinairement dans son terroir, y faisant de destours admirables, au moyen desquels, ceux qui demeurent dans nos montagnes, ont le loisir d'aduertir la Ville de Castres, des débordemens que fait la riviere, estans plustot arriuez à ladite Ville, que le torrent, qui s'est formé chez eux. Outre l'vtilité qu'elle aporte tant pour la pesche, que pour lauer, teindre, & pour les Moulins qui sont dans la Ville, elle apporte aussi de grandes recreations, & commoditez, pour la promenade sur l'eau, & pour le bain.

On y amasse tous les ans vne quantité incroyable de petits papillons, blancs comme neige, qui tombent du Ciel tous les soirs, pendant le tẽps d[e] la Canicule on les appelle, de la Manne, ils s'amassent à la lumiere en si grande quantité qu'on e[n] prend tant qu'on en veut, pour apaster les poissons, qui en sont fort friands, ou pour engraisser les vo[l]lailles.

En apres la susdite riuiere porte de poissons tres excellens, & principalement beaucoup de Truites & vne quantité incroyable d'Escreuices.

Mais il y a deux choses grandement considerables à dire, touchant cette riuiere, la premiere, que par son moyen on pourroit aisement aller iusqu'[à] Bourdeaux, ce qui rendroit la Ville fort riche, & marchãde, car il ne faudroit que netoyer son lit de rochers, faire quelques murailles, & ouurir le[s] chaussées. I'auance cecy comme le croyant tres faisable, parce qu'elle portoit bateau l'an 1295. selon vn acte que i'ay veu, qui atteste, qu'vne barqu[e] fut arrestée par des soldats, & que cette barqu[e] venoit de Castres chargée de farine, armes, & cha[ir] salée, & portoit ces prouisions en Guienne, à l'armée du Roy.

La seconde est, que le noble proiet de ioindre le[s] mers Oceane, & Mediterranée, que plusieurs de no[s] Roys ont fait, entre lesquelles est Charlemagne, qui selon Dutillet, le vouloit faire par le moye[n] du Rhin, & de Danube, à l'imitation d'vn Romai[n] nommé *Vetus*, qui le voulut aussi faire par la Saosne, & la Moselle, & en dernier lieu François I. par la
Garone

...rone & la riuiere d'Agde. Cét ouurage dis-ie, digne vrayement des Roys, tant pour l'vtilité pulique que pour leur renommée, se peut tres-aisement executer par le moyen de nostre riuiere, côme le fait tres-bien & clairement voir le sieur Iean Iacques la Pierre, Ingenieur, & Architecte, dans les diuers plans qu'il en a dressez, que ie donneray dâs la suite de ce Liure à laquelle ie trauaille.

L'autre riuiere qui est tout contre la Ville, se joint à l'Agoust, & est appellée Durenque, elle est tres-bonne à boire, parce qu'elle prend sa source parmy des rochers, elle donne son nom à vn lieu appellé Valdurenque, & porte de poisson plus sauoureux que celuy de l'Agoust.

Quand aux fontaines, il y en a presque à chaque porte de la Ville, & autres fois on les auoit dedans, mais maintenant leurs tuyaux sont rompus, leur eau est fort saine, & agreable à boire.

Ce qu'il y a de plus remarquable à dire touchât nos fontaines est que prez de Saix qui est vn lieu distant d'vne lieuë de Castres y a vne fontaine dôt l'eau se petrifie, & mesmes appierrit tout ce qu'elle rencontre, de sorte qu'on y trouue du bois, de la mousse, des capillaires, des fueilles & racines de diuers arbres, & des limaçons petrifiez, en abondance. On l'appelle, Lou Teron de las Fades, c'est à dire, des Fées, ainsi dites, du mot *Fatum*, c'est à dire le destin, parce qu'elles estoient consultées touchât les choses futures. on a trouué aussi cette année vne fontaine à la metairie dite de las Dousez, pres de Brassac, qui a les mesmes vertus que celle du pont de Camarez, comme plusieurs qui s'en sont bien trouuez l'attestent, elle participe de Nitre, Soufre & Vitriol. R

Ie trouue encore dãs *Iodocus sincerus* qu'il y auc[it] anciennement des bains à Castres, mais pour [le] present il ny en a aucune trace, fors qu'il vuei[lle] dire ceux de la Caune qui depend de Castres, car [il] y a la de bains fort bons, mais qu'on laisse perd[re] par negligence.

Il ne nous reste rien à dire sur ce suiet, sinon qu'[il] y a vn puits à Padiez prez de Reuel, qui est ple[in] depuis le commencement du Printemps, iusqu['à] l'Automne, & puis demeure à sec tout l'hyuer, estant contraire ainsi à tous les autres.

Des pierres, & autres mineraux du terroir de Castres, & des merueilles d'iceux, & particulierement du Roc qui tremble, & des pris- pelithes.

CHAP. XV.

Entre les choses les plus rares de Languedoc, le Rocher, qui est à demye lieuë de Castres, doi[t] tenir vn des premiers rangs, car plusieurs anciens Autheurs ont mis parmy les plus grandes merueilles de la nature vn pareil Rocher qui estoit en vne region fort esloignée de ce pays, & Baptiste Porta, parle d'vn semblable qui est prés de Harpasa, auec grande admiration, mais pour ne vous tenir plus en suspens, ie vous diray que nous auons prés ce que les autres auoient loin, mais par vne mauuaise coustume establie de toute ancienneté, nous mesprisons les choses que nous possedons, & recherchons auec ardeur celles qui sont reculées de

...ous. Car à vn lieu nommé la Roquete, à cause de l'abondance des Rochers, on en void vn qui nonobstant sa grandeur & pesanteur demesurée est situé en telle sorte, qu'auec vn doit on le peut faire visiblemēt trembler, & non auec tout le corps, parce que cette force est trop violente pour la delicatesse de son assiette (s'il faut ainsi parler) ou parce qu'il y a vn arrest du Roc mesme, auquel vne force trop rude le pouffant, il ne peut pas reuenir, en son lieu, & ainsi on n'en peut pas comprendre le mouuement, comme en le pouffant doucement, on s'est mesme pris garde que le vent le fait mouuoir, & pourtant il n'est pas peu asseuré dans cette inconstance, veu que de curieux qui en ont fait l'essay, ne l'ont peu remuer, y ayans attaché plusieurs paires de bœufs.

Cette merueille ne peut prouenir que de l'Equilibre, ou de ce qu'il y a quelque conuexité qui s'enfonce dans la cauité du Rocher qui le soustiēt, ou au contraire, ce Rocher est tres-dur, & d'vne espéce qu'on appelle icy pierre de sidobré, il attire beaucoup d'Estrangers, & de curieux à le venir voir, dont quelques vns y ont graué les deuises suiuantes.

Il piu alto e quel che treme. P.

Voulans dire que comme ce Roc qui est le plus haut de tous ceux parmy lesquels il est situé, est le seul qui tremble, qu'ainsi les hommes les plus esleuez, sont les plus dangereux, & sont ceux qui tremblent d'auantage pour la crainte des dangers.

L'autre deuise qu'on y voit est telle.

Cosi almen ti m:uessi o dura Fili. D.

C'est la deuise d'vn Amant qui accuse sa Maistresse, de ce qu'estant aussi dure que ce Roche elle est encore plus inesbranlable.

Puis que nous sommes entrez sur ce discours, faut remarquer qu'en ce mesme lieu y a vne infinité de Rochers monstrueux en grandeur, & vn ruisseau, qui outre, qu'il a vn pont naturel de pierre est couuert durant vn quart de lieuë de double voute, composée de ces grandes pierres rangées, vne à chaque bord, & puis vne ou deux sur celles-là, de sorte qu'on peut marcher entre deux, pour admirer ces voutes naturelles, & cet agencement de Rochers, qui semblent veritablement estre faits par la main des hommes, bien qu'ils en soient incapables, si ce n'est que ce fussent quelques effroyables Geants. Le peuple appelle ce lieu, la sale des pains blancs, à cause que ces pierres sont rondes comme des pains. Au dedans de la voute, on void vne de ces pierres en forme de Chaire quoy que naturelle on l'appelle la Chaire de sainct Dominique, par ce qu'on dit qu'il y preschoit du temps des Albigeois. Sous ces voutes passe vn ruisseau duquel le bruit est si grand, que ie l'oseray comparer aux Cataractes du Nil.

Ces Rochers dont nous auons parlé ne portent pas de petites vtilitez, car on en fait de fort bonnes meules de moulin, des auges, des pierres à foyer, & des bastimens.

Vn peu au dela est le lieu appellé Sidobre qui est tout couuert de pierres semblables, & qui contiennent autant de merueilles qu'elles sont en nombre, car on en void qui sont dressées comme des pyramides, d'autres qui sont plates, & grandes cone vu grand toit, qui leur sont posées dessus, & appuyées naturellement d'vn coing de pierre, de sorte qu'elles prestent leur couuert aux passans contre la pluye. Il y en a d'autres qui semblent des maisons massiues, & entre autres vne qu'on appelle à cause de cela, le rocher de peire Asegnal, d'autres representent des animaux, comme celuy qui ressemble à vn Coq qui mange, nommé, le roc de peire Poul. D'autres forment deux, & trois parois à vne maison, & d'autres seruent de table.

Il seroit à presumer, que les Poëtes ont entendu, que c'estoit le lieu ou Iupiter fit pleuuoir les pierres du Ciel en faueur d'Hercule, lors qu'il desfit les voleurs Albion, & Bergion, bien que d'autres ayent estimé qui c'est vn lieu de Prouence nommé la Crau ou *Campi lapidei*, car le mot de sidobre, veut dire en Grec, pluye celeste, & puis le nom de la Ville d'Alby, pourroit venir du susdit Albion. On pourroit aussi dire auec quelque apparence, que ces rochers estoient dans la terre agencez de mesme, & que le deluge vniuersel les descouurit ostant la terre des enuirons d'iceux, & quand à l'etymologie de Sidobre il vient du mot Sidopre corrompu qui vaut autant à dire que *sine opere*, ou sans culture parce qu'il ne peut estre cultiué, à cause du grand nombre de ses rochers.

La seconde merueille du païs, est le Mont dit Puytalos, que nous pouuons appeller, mont des Priapolithes, à cause qu'il est rempli de pierres longues & rondes, en forme de membres virils.

Plusieurs Naturalistes, entre lesquels est Pline, ont descrit pour grande merueille que la pierre Diphris porte empreintes sur soy les figures de l'vn

& de l'autre sexe, & que l'Enorchis mise en pieces represente la figure des genitoires des hommes, & selon Cardan l'*Hysterapetra*, qui se trouue au terroir de Treues, à la forme des parties honteuses des femmes, mais tout cela est peu de chose au prix de cette pierre icy, que nous pouuons appeller Priapolithes, car outre sa figure, conforme au membre viril, si on la coupe on y trouue vn conduit au centre plein de cristal, qui semble estre le sperme cõgelé, aux vns on trouue des testicules attachez, d'autres sont couuerts de veines, & d'autres montrent le Balanus, & sont rongez, comme estans eschapez de quelque maladie venerienne, & mesme parmy eux se trouuent des pierres ayans la figure des parties honteuses des femmes, & quelques fois on les trouue ioinctes ensemble, & quelques vns se trouuent de figure droite parmy ceux qui sont courbez.

Touchant ces pierres merueilleuses ie dis, que ce lieu est situé sous quelque constellation qui verse des influences disposées à la generation de ces Gamahez ou Talismans naturels, ou, que les pierres ayans une semence multiplicatiue, comme les plantes peuuent aussi bien naistre en cette forme comme l'herbe Phallus en Holande, & l'Arum chez nous, qui representent les parties honteuses des hommes, & les Hermodactes & autres, celles des femmes, & la Mandragore l'homme entier, ou cõme il y a des lieux remplis d'autres pierres en forme de coquilles & limaçons, à cause du seminaire occulte qui s'y trouue de ces choses, & quand à la vene de cristal de nos pierres nous pouuons dire, que l'eau petrifiante qui les engendre se purifiant toufiours, forme au centre ce criſtal, du plus pur de ſa matiere, la nature ſe purgeant, & iettant l'impur a la circonference.

On enuoye querir de ces pierres merueilleuſes de diuers endroits du monde, pour orner les cabinets des curieux, & i'en ay enuoyé moy-meſme en diuers endroits & en dernier lieu à Paris, à la ſollicitation de Monſieur du Mouſtier qui en vouloit orner ſon cabinet.

I'ay trouué au meſme lieu des pieces de Melon, eſcorce de Citron, coquilles, os, amandes & rognons petrifiez, que ie garde dãs mon cabinet parmy les autres merueilles que i'y ay.

Il y a ſi grande quantité de ces pierres en ce lieu qu'on n'y en ſçauroit trouuer d'autres, elles viennent dans des grandes fentes de la terre, ou la nature ſemble oſfrir ce threſor de rareté aux paſſans en leur ouurant ſon ſein.

Si les plantes qui repreſentent les parties du corps humain, ont de la vertu pour en guerir les maladies, comme l'Alkekengi qui par la bource dans laquelle on void comme vne ceriſe, repreſente vne pierre dans vne veſſie, le triolet tacheté, la taye des yeux, & vne infinité d'autres que Crollius, Quercetan & Henry Carrichterius raportent dans leurs Liures des ſignatures, on pourroit dire que nos Priapolithes ont vertu pour les maladies venerienes.

Auant que paſſer aux autres merueilles des pierres, ie ne veux point obmettre, que i'ay deux pierres de cette nature qui repreſentent naturellement, l'vne, l'image d'vne femme tenant vn enfant, & l'autre, d'vne femme nuë toute droite,

Puis que ie suis sur le discours des petrifications ie ne veux point passer sous silence, le roc de Lunel qui est fort prez de Castres, ce que i'en veux dire de considerable est, qu'il est tout remply de limaçons petrifiez, de trois especes de pierres en forme d'Oliues, & de dragées, & mesme i'y ay eu trouué vn ver changé en pierre.

Sur ce rocher passe vn ruisseau appellé Rosé, qui y forme vne double cascade des plus belles qui soient en France, estant de la hauteur d'vne pique & demie, & ne tarissant de toute l'année.

Ez autres quartiers proches de nostre Ville se trouuent plusieurs mineraux, à sçauoir, des pierres d'Aigles pres du pont du Fraisse, des carrieres de Marbre & Iaspe à Burlats & ailleurs, des mines de fer à sainct Iean, &c. des marcassites ou pierres de rouët, à Gouriade & à la Bruguiere, des mines de plomb meslées à d'argent, & de l'argēt de paillette dans l'Agoust, de la croye blanche à Caucalieres, de la noire à Roquecourbe, beaucoup de pierre de taille, & pierre à chaux, icy, du cristal à Roquesiriere &c. de bon bol à Lunel, du talc à sainct Amans, d'orpiment à Dorgne, & de marne, ardoise & terre blanche & grasse de laquelle on pourroit faire de vaisselle fort exquise en diuers endroits.

Outre cela il y a de pierres de touche, de l'argent vif, car plusieurs en ont veu la nuict par les champs, du cuiure, & mesme de l'argent en diuers lieux prez de Castres.

Par ce veritable recit de ces mineraux, il est aisé de remarquer l'abondance qu'il y en à en ces quartiers, & malaisé de s'empescher d'estre estonné de la mauuaise grace de d'Aubigné, & la Popeliniere, ui disent que Castres a plusieurs maisons basties de terre à faute de pierre, veu que cela ne se practique que par commodité pour de parois de Iardins qu'on fait à petit coust de terre grasse, qui y est en abondance, y ayant d'ailleurs quantité de belles carrieres de pierres de taille.

Des plantes ra res du terroir de Castres, & autres raretez des vegetaux qui y sont.

CHAP. XVI.

Touchant les plantes, nous auons cét aduantage que nous pouuons dire, que non seulement nostre campagne, mais mesme les montagnes, steriles ailleurs, sont icy pleines de fruicts, comme les fraises qu'on y trouue à souhait le tesmoignent, & dont on fait comme deux recoltes chaque année, dont l'vne commence quand l'autre finit, comme il arriue aussi des autres fruits, & fleurs qui viennent à deux, ou trois lieuës de Castres, lorsque ceux de la Ville ont pris fin, comme i'ay souuent veu des Cerises, Pois, Feues, Artichaux & Roses.

Pour les raretez des plantes, c'est en ce pays que se trouue cette herbe magique, qui coupée excite les tempestes, la faim, & sincope à ceux qui luy passent dessus, ce que ie puis asseurer estre arriué fort souuent à des paisans de ma cognoissance, qui ne m'en ont sçeu dire autre chose sinon que de tout temps ils ont obserué que cela leur arriue lors qu'ils fauchent vn certain pré qui dépend du

S

lieu de Peiregoux prez de Lautrec, & asseurent que despuis 50. ou 60. ans ils ne l'ont iamais peu faucher pour si beau tour qu'ils ayent choisi que le temps ne se soit changé en pluyes & orages (ainsi on raconte que si on touche les pierres d'vn Autel qui est aux Pyrenées, ou qu'on agite l'eau du lac de S. Barthelemy, qui est au mesme lieu, les tonerres ne manquent pas à s'en ensuiure bien-tost) ils disent que cette plante reluit la nuict, en quoy elle ressemble au Baaras de Iosephe, ou au *Fungus stellatus*, ie ne m'estendray pas dauantage sur cette plante ayant fait dessein d'en traicter au long dans mes obseruations.

On trouue au mesme lieu les Noyers qui iettent fueille & fruict dans vne nuict.

Outre cela on peut mettre parmy les raretés des plantes de ce païs, les bois de Philirea & Laureola, comme aussi les longues hayes de Houx qui durent de lieues entieres, & les montagnes couuertes de buis. Et enfin le bois d'Ormeaux qui se void au milieu de la Ville de Castres, n'est pas vne chose de petite consideration.

Quand aux autres plantes qui s'y trouuent, outre celles qui sont fort communes, voicy le Catalogue de celles que i'y ay remarquées.

Absynthium santonicum. Latifolium. Tenuifolium. Acer. Achillea montana. Aconitum pardalianches. Lycoctonum. Aggeratum commune. Ferulaceum. Alcea pentaphyllea. Laciniata. Alliaria. Amarantus. Flos Ambarualis. Ammi fuchsii. Anchusa. Androsæmum arborescens. Anagallis lutea. Purpurea. Baccifera. Anemones species multæ. Syluestris, seu flos Adonis. Angelica fuchsii. Anonis viscosa Spinosa. Aparine. Apios seu glans terræ. Apioschnum. Aquilegia. Aquilex. Arbutus. Argentina. Aristolochia rotunda. longa. Artemisia tenuifolio. latifolio. Asclepias. Asphodelus flore albo. luteus cyperoides. Aster Gesneri. Atticus. &c.

Baccharis seu coniza maior. Betula. Bistorti. Blattaria. Branca vrsina. Bulbocastanum. Buplenrum maius. minus. minimum.

Carduncellus. Carduorum variæ species. Capillaria omnia. Cannabis spuria. aquatica rara. Cacalia. Cameline myagr. Cariophyllata. Cariophillorum multæ species. Carlina. Carpinus. Caltha Palustris. Chamemelum. Caprifolium perfoliatum. aliæ eius species. Caucalis. Calamentum inodorum seu acinus. Chamelea. Centaurium flore albo. fl. luteo. Circea lutetiana. Clandestina purpurescens. alba quæ ratior est. Clinopodium. Coma aurea. Corruda. Conuoluulus spicæ folio. Colchicum luteum. Cornus. Cotonaria. Crassula. Crataeogonon. Crista galli. Crocus montanus. pratensis. autumnalis. Cruciata. Cyanus. austriac. aromat. Cynocrambe.

Daucus lactescens. Dens caninus. Dentaria. Digitalis flore purp. fl. albo. Dorycnium Montpeliense. Doronicum. Dryopteris.

Elatine. Elleborine. Elleboraster. Elychryum. Enula campana. Eruca quadrata. cantarica. Eruum. Eringium serratum. Erisimū erratum. Esula exigua Tragi. dulcis. Euphrasia. Eupatoria omnia.

Fagopyrum. Fagus. Filix florida seu o[s]-munda. Filicula Tragi. Filices raræ. Flammula Iouis. Flammula seu atragine. Theophrasti. Flos cuculi. Fænum Burgundiacum. Fæniculum aquaticum, porcinum. Fritillariæ seu meleagrides. Frangula.

Genistæ communes, spinosæ. Genistella. Gentiana. Geranium maluaticum. Roberti, variegatum, fuscum, hæmatodes. Glaux Plinii. Glastum. Glycirrhyza. Globularia. Graciola. Gramen leucanthemum, tremulum, hirsutum maius montanum, minus, anatinum, diaboli, bombicinum, mannæ, arundinaceum, cyperoides, cauda muris.

Hamemelis. Hedera terrestris, saxatilis hirsuta, Herba paris. Hermodactylus. Herniaria. Hieracium luteum lunatum, caput monachi, falcatu, Hiacintho asphodelus vel fæmina Dodonæi, poëtarum, stellatus, peruuianus, liliaceus. Hiosciamus. Hypericum aquaticum, tomentosum. Holostii variæ species.

Iacobea. Iacea nigra, pinea, sensitiua, vt propriis oculis vidi. Iasminum luteum. Ilex suberifera. Impia. Imperatoria. Impolluta, lepra contaminatos detegens. Iua moschata, arthritica. Arbor Iudæ folio acuto, & sine fructu. Iuncus capitulis equiseti, floridus montanus. Herba iudaica. Iuncaria Salmanticensis, centinodiæ species.

Laureola. Lamium linea alba in medio foliorum notatum. Punctis albis guttatum. Lardaria. Lanceola. Lauendula. Lagopus. Ladanum segetum. Lathyris. Leucoium triphyllum. Lu-

de Castres, Liure Second. 77

banotis, seu, Saxifraga Veneta. Lychnis Montana flore carneo. Muscipula. Anglica. Ligustrum. Lingua ceruina. Lilium conuallium. Linaria odorata. Bellidisfolio. Lisimachia galericulata, Purpurea. Lutea. Corniculata, seu, chamænerion Gesneri. Lithospermum comune. Anchusæ facie. Lonchitis aspera. Lotus arbor. Vrbana. Pentaphyllos. Eptaphyllos. Latif. Dalecampi, seu, Anthyllis Leguminosa Dodonæi. Lunaria Lutea. Bulbonac. Sferra caballo. Lupinus. Luteolata.

Martagon chimistarū. Matrisylua. Medica. Melampyrum. Melissophyllum Fuchsij. Melissa. Mespilus aronia. Mercurialis montana, seu, Cynocrambe.

Narcissi variæ species. Nummularia maior. Minor. Nymphæa.

Ophioglossum. Ophris, seu, bifolium. Orminū maius. Minus. Medium. Orchis palmata. Anthropophora, seu, Zoophora. Ornitophora. Flore apum Spiralis. Cimices ferens. Et aliæ multæ species. Oreoselinum Orobanche. Ornitopodium. Ornithogalum spicatum. Flore lacteo. Osmunda regalis.

Palma Christi. Papauer rheas flore albo, &c. Paronichia. Pentaphyllum tormentillæ facie. Rectum annuum. Peplus. Perchepier Anglorum. Per foliata. Persicaria siliquosa, seu, nolimetangere, aureo colore, in hortis. Persea arbor flore pleno. Philirea leuis. Serrata. Phyteuma, seu, herba amoris. Pilosella lactucella.

Polium mas. Fœmina repens. Poligalæ. Polemonium. Politrichum Apuleij. Polipodium. rupinum. Quercinum. Potamogetorum variæ

S 3

species. Primula veris. Prunella flore albo. Grandiflora. Ptarmica. Pulegium. Pulmonariæ variæ. Pyrola.

Ranunculus flore pleno. Flammeus. Bulbosus. Nemorosus. Rapunculus. Alopecuri comoso. Rhamni variæ species. Ros solis. Rhus myrtifolio. Rubus sine spinis.

Saluia vitæ. Bosci. Romana. Sambucus aquatica. Racemosa flore rubro. Laciniata. Sanicula. Saxifraga aurea. Chelidonides alba. Dauci facie. Veneta. Anglorum. Scabiosa montana alba. Hispanica. Centauroides. Scamoniũ Mõsp. Scolopendrium. Scordium. Scorpioides leguminosa. Scrophularia maior. Minor. Serratula. Securidacæ variæ. Sena colutea maior. Minor. Seseli. Sferra caballo. Sigillum Salomonis. Mariæ. Simphytum. Siringa italica flore albo. Smilax leuis. Aspera. Sonchus ceruleus. Solanum Ægiptiacum arborescens. Sparganium. Spartium. Spatula foetida. Spina solstitialis. Stæchas. Stachis. Staphisagria. Stæbe comunis. Capitata. Stramonium. Suber. Succisa.

Tamariscus. Tapsia Montis Ceti. Teucrium. Therebinthus. Thlaspi perfoliatum. Creticum. Vmbellatum. Centumculi folio. Tilia arbor. Tormentilla. Trachelium. Trifolium trochleatum. Pinnatum. Acetosum. Tomentosum. Pes auis. Asphaltites. Genistæ facie. Hemorrhoidale. Fragiferum. Tussillago. Turritis. Valeriana Græca. muralis. Velar, seu, irio & tortello. Veronica. Viburnum. Mater Violarum. Viola Matronalis flore albo odore iasmini. Pentagonea. Tricolor. Bulbonach. Martis. Triphyllos. Vitis idæa. Vlmaria. Xanthium. Zarzaparilla.

Des animaux qui se trouuent à Castres.

CHAP. XVII.

Pour les animaux qui se trouuent à Castres, outre qu'il y a abondāce de toutes bestes de chasse, comme Cerfs, Sangliers, &c. Il s'y trouue des Taissons, Loutres, & Herissons, &c. Et quand aux oyseaux, & poissons, il y en a si grande quantité, qu'on les prend à cette sorte de chasse, & de pesche qu'on appelle, à la lumenade, les allans tuër la nuit, lors qu'ils sont endormis, & on en prend de cette façon vne quantité incroyable.

Il s'y trouue aussi par fois des Aigles, des Cigognes, des Ostardes, des Butors, des Faisans, des crons, & des Halcions.

I'ay dit ailleurs le grand nombre de Truites, Escreuices, &c. que porte nostre riuiere, mais i'auois laissé à dire, qu'on y trouuoit iadis beaucoup de Saumons, comme il appert par plusieurs actes anciens qui l'atestent, disans mesme, qu'on faisoit rente à quelques particuliers, de certain nombre de Saumons, mais à present il ne s'y en pesche que bien rarement, les chaussées, ou les sables, les empeschans de venir iusques icy.

Et pour le reste des animaux qui y sont, on y trouue des Sansues, des Salemandres, des Cerfs volans, & on asseure y auoir esté pris vn Aspic, & veu des Dragons volans, & depuis peu on print vers Mazamet le Serpent à deux testes appellé Amphisbæne, qui marche de tous costez, ce que le Poëte

Les antiquitez de la Ville

Lucrece a exprimé fort heureusement par le vers suiuant.

Et grauis in geminum surgens caput Amphisbana.

Des monstres, & choses prodigieuses, & remarquables arriuées à Castres, ou és enuirons.

Chap. XVIII.

PArmy les choses prodigieuses qui sont arriuées dans Castres, ou à ses enuirons, merite de tenir la principale place, l'horrible assassinat commis le 15. Iuillet 1586. dedans la Ville de Viuiers, en la personne de Madame Catherine de Sabatier (dont i'ay parlé à la fin du premier Chap. du premier Liure) par Iean Caul d'Escoussens (fils d'vn Muletier) qu'elle auoit esleué iusqu'à le faire son Procureur, ce malheureux se voyant tancer tous les iours par la susdite Dame, touchant l'amour qu'il auoit conceuë pour vne fille de grande maison, fut tellement aueuglé de sa passion qu'il creut de venir fort facilement à bout de ses desseins, s'il faisoit mourir ceux qu'il estimoit seruir d'obstacle à ses amours ridicules, parquoy s'estant resolu d'effectuer ses mauuais desseins, il feignit de vouloir aller à la campagne, & ayant prins son harquebuse en frappa par derriere si rudement la susdite Dame qu'il la tua du premier coup, puis allant vers sa fille luy baille vn coup d'espée sur la teste, & vne estocade dans le corps. il blessa aussi griefuement la belle sœur, & pour demeurer maistre absolu dans la maison alla meurtrir encore le fils de

ladite

ladite Dame qui estoit detenu malade de la pierre. Mais la justice Diuine qui ne laisse rien d'impuny fit que la chambriere qui luy estoit allée tirer du vin, ayant ouy les cris, appella les voisins à son secours, qui y estans accourus, & n'en pouuans venir à bout parce qu'il estoit barricadé, furent obligez d'appeller le sieur de Laurion Gouuerneur de Viuiers, qui y estant venu, & s'estant approché de la maison, bien loing d'estre consideré de cét inhumain, il eut encore le cœur de le blesser griefuemēt, mais quoy qu'il se deffendit, il fut obligé enfin à se rendre, & estant conduit à Tolose fut condamné suiuant son merite à estre mis à quatre quartiers, la teste derniere, ce qui fut executé de point en point.

Cette espouuantable histoire m'en remet en memoire vne autre qui ne cede en rien à cette-cy, arriuée le 23. Ianuier 1590. auprés de cette Ville, en voicy le funeste recit.

Madame Marguerite de Sales, vefue de Messire Iean de Noël Seigneur de la Crosete, Gouuerneur de Castres &c. (femme en qui la nature auoit fait vn chef-d'œuure de beauté) s'estant acheminée auec sa plus petite fille, nommée Charlote, & vne chambriere mariée, vers vne fontaine qui est prez du Chasteau de Tourene lez Castres, entre la Bruguiere & Mōtespieu au bord de la riuiere de Toret, persuadée à cela par vn sien domestique nommé Iean de Girousens qui sçachant la passion qu'elle auoit pour les bonnes eaux, luy auoit dit que cette fontaine estoit la meilleure du païs (pour pouuoir executer en ce lieu secret le mal-heureux dessein qu'il couuoit depuis long-temps contre-elle, pour quelques legers mescontentemens qu'il en

T.

auoit receus) & les y ayant côduites, côme elle courboit pour en boire, ce mal-heureux, poussé de l'esprit malin, tira vn grand coutelas de deux pans & demy de long, qu'il auoit fait faire tout exprez, & luy en lascha vn grand coup, mais elle se releuant de la fontaine, & voyant venir le coup le receut sur son bras ayant voulu mettre à couuert sa face, & comme elle vouloit parler pour tascher d'arrester ce desnaturé, il luy fendit le visage du second coup, & suiuant encore sa furie brutale luy en bailla vn troisiesme dans la cuisse apres lequel elle tomba morte. A ce tragique spectacle, la fille s'estant iettée dans la riuiere, pour eschaper de sa fureur, il l'amadoüa, & luy promit de ne luy faire aucun dommage, à quoy ayant trop facilement adiousté foy, elle ne fut pas arriuée prez de luy qu'il luy fendit la teste d'vn seul coup, & puis ayant poursuiuy la chambriere qui estoit enceinte, il luy en fit encore autant. Apres ce funeste carnage, il print la fuite, & estant passé à la barque de Saix, il eut le temps de s'écarter si loing qu'on n'a iamais peu apprendre de ses nouuelles, nonobstant toutes les diligences que les beaux fils de la Dame y employerent. Mais si la cruauté de ce domestique fut detestable, l'affection du petit chien de cette Dame fut encore plus digne d'admiration, car ayant longuement lesché ses playes, il fit tant d'allées & venües, accompagnées de cris, & hurlemens pitoyables, vers le Chasteau de ladite Dame, qu'il fit enfin remarquer ce qui en estoit, & conduisit les domestiques au lieu funeste ou gisoit le corps de sa maistresse, des enuirons duquel on eut beaucoup de peine de l'arracher. Cette lamenable tragedie ne fut veuë que par de ieunes Bergers qui estoient de l'autre costé de la riuiere, qui ne peurent les ayder qu'à compatir à leur mal-heur ar les cris qu'ils iettoient contre ce forcené pour tascher à le destourner en quelque sorte d'vne si estrange catastrophe.

Ie n'ay pas voulu taire ces histoires, les ayāt iugées tres-dignes de memoire, tant à cause de la qualité des personnes, que pour la rareté, grauité, & atrocité des crimes, & ie les ay mises ensemble, à cause des conformitez qui s'y rencontrent, car on y void deux Dames vefues, toutes deux du voisinage de Castres, massacrées auec leur suite, par leurs propres domestiques, il n'y à que cette seule difference, c'est que l'vn fut puny par les hommes, & l'autre est reseruée à la iustice Diuine.

L'an 1563. la Peste rauagea tellement la Ville de Castres qu'il y eut quatre mille morts, & ainsi acheua presque de destruire ce que la maladie dite Coqueluche auoit espargné.

La Coqueluche, ou trousse-galand, selon Rondelet estoit vne maladie epidemique qui venoit auec grande defluction sur le gosier, & apres venāt à tomber sur les poulmons, faisoit mourir plusieurs personnes hectiques, elle regna aussi l'an 1580. au rapport de Valeriola, en l'Appendice de ses lieux communs.

L'an 1578. & le 19. Iuillet dans Castres, la femme de Carmanel de sainct Amans de Valtoret, accoucha d'vn enfant qui auoit deux testes.

L'an 1594. tomba vne pluye de Chenilles noires, dont tout le Clocher & Cimetiere de sainct Benoist furent couuerts, elles se changerent apres en vne multitude innombrable de papillons.

On a veu aussi naistre dans Castres, vn enfant qui auoit deux langues, & vn autre qui auoit du poil aux parties honteuses le iour de sa naissance.

L'an 1603. la riuiere d'Agout deborda tellement qu'elle passa sur le pont neuf de Castres, & par toute la ruë de Villegoudon.

L'an 1614. le 26 de May, il neigea à Castres si extraordinairement que la neige enfonçoit les toits, & y demeura plus d'vn mois sans se fondre.

L'an 1629. nous fusmes chastiez par le fleau de Peste qui fit de si grands rauages, que six mille personnes en moururent, de sorte que la Ville fut si desertee, que l'herbe creust en abondance parmi les ruës.

L'an 1631. il y eut vne si grande disete que le bled valut prez de dix escus le sestier, de sorte que les pauures tomboient morts par les rues, à cause de la grande famine, qui les auoit reduits à manger le son, & les herbes des champs, comme les bestes.

Ils sõt arriuez beaucoup d'autres accidẽs rares à Castres, mais ie les tais par briefueté, me contentant de dire les suiuans qui sont plus merueilleux, & plus nouueaux. A Boisseson de Meruiel, les habitans asseurent qu'ils ont veu fort souuent dans vne forest vne Nymphe ou femme sauuage, vestuë d'vne robe blanche fort plissée, ayant les bras & les pieds fort longs, & afferment qu'on trouue mesme les marques de ses pieds dans la bouë, & le sieur Seue Huissier de Castres, estant enuoyé audit lieu pour des affaires, fit rencontre de cette Nymphe, ce qu'ayant raconté aux habitans de ce lieu, on l'asseura qu'elle auoit accoustumé de se faire voir dans cette forest.

Il y a apparence que c'est vn Demon, ou vne des Fees du temps passé, les Magiciens les appellent des Sybilles, ou bonnes Dames, & les autres croyent que ce sont des femmes sauuages, pareilles à celles que Boistuau, & autres disent auoir esté prises autres-fois.

Quelques années auparauant arriua vne histoire merueilleuse à vn lieu depandant aussi de Castres nomme Gibrondes, c'estoit vn Magicien qui emportoit en l'air des enfans & des plats, & ostoit le verre des leures, on le voyoit voler en l'air auec estonnement, il emportoit les habits & les mettoit sur des arbres, & faisoit tant d'autres choses merueilleuses que plusieurs personnes de Castres y furent pour rendre tesmoins leurs yeux de ce que les relations d'autruy n'auoient peu leur persuader.

Si cette histoire estoit merueilleuse celle-cy qui est de l'année 1643. ne l'est pas moins. Il y auoit vn paisan à vn lieu nommé la Bracadale, qui est à demy lieuë de Castres, qui par vn sortilege incroyable, voyoit consommer par le feu toutes ses hardes, bien qu'il n'eust laissé aucun feu dãs sa maison, & mesme les linges mouillez s'allumoient non seulement par terre, mais mesme sur des perches, & dans ses coffres fermez à clef, ce feu ennemy de son repos, ne pouuant estre esteint par son contraire, i'estime que celuy qui voudroit donner raison naturelle de cet accident seroit bien en peine, s'il ne l'imputoit à quelques vapeurs de Naphte ou de Bitume enflamées, qui sortoient de la terre, excitées par le fient des animaux, car on a veu sortir des flammes de diuers estables, pour la raison que ie viens de dire.

T 3

86   *Les antiquitez de la Ville*

L'an 1646. nasquit à la Bruguiere, vn enfant n'ayant qu'vn œil, & estant sans nez, ayant par ainsi le visage tout vny comme la iouë.

Des Propheties de Nostradamus, & Larriuey, touchant la Ville de Castres.

CHAP. XIX.

Ayant remarqué quelques Propheties que Michel Nostradamus & Larriuey, ont laissées en faueur de nostre Ville, i'ay creu que ie les deuois inserer icy, chacun leur donnera l'explication qu'il iugera plus plausible.

Nostradamus. Centurie 4. quatrain. 44.
Lou gros de Mende, de Roudez, & Millhau,
Cahours, Limoges, Castres, malo sepmano,
De nuech l'intrado, de Bourdeus vn caillhau,
Par Perigort au toc de la campano.

Il y a apparence que ceste Prophetie fut accomplie l'an 1629. auquel dans vne mesme sepmaine, la peste, & la guerre firent vn tres-grand dommage, & mesme le feu consomma vne bonne partie de la ruë des Boursiers.

Centur. 10. quatrain 5.
Alby & Castres feront nouuelle ligue,
Neuf Arriens, Lisbon, & Portuguez,
Carcas, Tolose, consumeront leur brigue,
Quand chef neuf monstre istra de Lauraguez.

Centur. 11. sixain. 52.
La grand Cité qui n'a pain à demy,
Encore vn coup, la sainct Barthelemy,

En grauera au profond de son ame,
Nismes, Rochelle, Geneue, Montpelier,
Castres, Lyon, Mars entrant au Belier,
S'entrebatront, le tout pour vne Dame.

Larriuey, Centurie premiere, quatrain 69. & ailleurs parle aussi des choses arriuées à Castres.

Des accidens notables, comme prises & destructions de Villes, Chasteaux des enuirons de Castres, & autres choses remarquables, rangées par ordre Chronologique.

CHAP. XX.

L'An 1002. il y eut dans Castres vne si grande disette, que le bled qui ne valloit auparauant que quatre sols le cestier, en valut 25. Cette famine fut suiuie d'vne maladie populaire dite, des Physiciens, (c'est à dire des Medecins, car on ne les appelloit pas autrement pour lors,) Morbus igneus, elle commençoit par vne pustule qui naissoit à la main gauche, & apres gagnoit par tout le corps, ils moururent de ceste maladie cōtagieuse 700. persōnes de cette Ville. Cecy est tiré du liure des Obits que i'ay cité ailleurs.

L'an 1368. fut basty le pont neuf, n'estant auparauant qu'vne planche, comme apert de la deliberation du Conseil general, retenu par Vitalis Saatery, Notaire, du Comte de Castres.

L'an 1562. cent habitans de Castres furent deffaits prés de Fregeuille, par Monsieur des Voisins, Seigneur d'Ambres, & par Monsieur de Roumens,

& autres. Mais peu de temps apres, ceux de Castre prindrent sur les Catholiques, Puylaurens, Venez & Cuq, & firent executer à mort, 80. soldats d Venez.

L'an 1565. le Presche fut dit à l'Hospital S. Iaques de Villegoudon, par Lettres Patentes du Roy Charles IX. signées de sa propre main.

L'an 1566. la riuiere d'Agoult passa sur le pon neuf, & emporta le couuert des moulins, la chauf fée, &c.

Ceste mesme année le Soleil parut sur la Ville d Castres, sans aucuns rayons, & enuironné d'v Arc-en-Ciel, durant trois heures.

L'an 1568. les Villes de Lautrec, Vielmur, & V uiers furent prises sur les Catholiques, par les habitans de Castres.

L'an 1569. furent pris sur le mesme party, le lieux de Durfort, Saix, & la Bruguiere, en re uanche dequoy, ils prindrent le lieu de Fiac.

L'an 1571. il neigea durant vn mois, de sorte que la neige enfonça quelques maisons.

L'an 1572. les Chasteaux de Lombers, & de Roquecourbe furent pris sur les Catholiques. Comme aussi le Chasteau de Lesert (appartenant à noble Iean de Noël, & à present, à noble Marquis de Gep, Seigneur de Sauuian, &c.) qui fut de struit & bruslé, comme aussi l'an 1621.

L'an 1573. le lieu de Burlats fut pris par Monsieu de la Grange, & non par Monsieur de Roquebru ne, comme à voulu dire Dutillet.

Alors fut aussi pris Sorese, & Montesquieu, pa le mesme party.

L'an 1574. apres la prise de Castres sur la garnison

ou Italiene, par Monsieur de la Grange (natif de Castres,) comme les Soldats de Realmont qui auoient assisté s'en retournoient en desordre, ils tomberent dans les embuches qu'on leur auoit tenuës prez de Venez, de sorte que 80. y furent tuez.

En cete mesme année fut pris Sorese, Briateste. Autpoul, & Roquefere, sur les Catholiques, mais ils reprindrent ce dernier lieu tost apres.

L'an 1576. la Ville de Reuel fut prise.

L'an 1577. fut pris le Chasteau de Padiez.

L'an 1578. fut pris le lieu de Dorgne.

L'an 1578. Sorese fut repris par les Catholiques, & puis repris sur eux, comme aussi Caucalieres.

L'an 1585. Henry IV. fit son entrée dans Castres, accompagné de beaucoup de grands Seigneurs, & estant allé au Temple, & ayant ouy chanter le Pseaume 72. qui commence,

Tes Iugemens Dieu veritable,
Baille au Roy pour regner,
Vueilles ta Iustice equitable,
Au fils du Roy donner. &c.

Il s'informa exactement du Chantre, & du Ministre, si ce Pseaume auoit esté chanté à escient ou si c'estoit qu'il fut venu de suite, & par rencontre, à quoy luy ayant esté respondu, que la rencontre auoit esté telle, il profera ces paroles, i'en suis bien aise, & le prens à bon augure. Alors fut sa premiere entreueuë auec Mr. d'Ampuille, en laquelle ils resolurét d'aller à S. Paul, ce qu'aucun Historien n'a dit.

L'an 1586. les lieux de Verdale, Padiez & Montpinier furent pris sur les Catholiques, qui reprindrent peu de temps apres les deux derniers, & les Chasteau de Tourene lez Castres, que le Sr. Iean

V

Biſſol, Sieur de Malacam, Conſeigneur d'iceluy, auec le ſieur Iean de Madiane, fait rebaſtir autour-d'huy.

L'an 1587. 800. enfans de Caſtres furent tuez en vn combat prez de Sieutat par le parti Catholique, il y mourut beaucoup de nobleſſe, parmy laquelle eſtoit Monſieur de Paulin, alors fut auſſi pris le lieu d'Autpoul par les meſmes.

L'an 1590. Monſieur de Montgomery print & bruſla le lieu de Viuiers.

En ce meſme temps ſe noyerent au port de Saix 60. perſonnes qui reuenoient du marché, la barque s'eſtant enfoncée pour eſtre trop chargée. Comme l'an 1538. qu'il en arriua autant au meſme lieu à Monſieur de Monluc & autres grands.

L'an 1591. le lieu de Montfa fut pris ſur les Catholiques, Fitc par les Ligueurs, & Roquefere par le party Royal.

Pour lors y eut vne grande ſedition dans Caſtres contre Mōſieur de Montgomery, à cauſe qu'il auoit frappé le ſieur Dupuy, Notaire de Caſtres.

L'an 1592. 1500. hommes de Caſtres furent tués au lieu dit la Trape, prez de Lautrec, par Monſieur de Ioyeuſe, apres quoy Monſieur de Chambaut Gouuerneur de Caſtres luy fit leuer le ſiege de Villemur, ou ledit de Ioyeuſe ſe noya, auec beaucoup de ſes gens.

L'an 1593. les ſaiſons furent tellement renuerſées qu'on auoit au mois de Nouembre des fraiſes, poires, pommes, feues, roſes, &c. ce qui preſagea la peſte qui s'enſuiuit toſt apres.

L'an 1595. Monſieur de Ventadour vint tenir les Eſtats à Caſtres, & apres print le lieu de Montfa.

L'an 1614. la Ville de Castres achepta vn grand champ de Monsieur de Roquecaude, prés la porte de Villegoudon, auquel Monsieur le Duc de Rohan, fit complanter des allées d'Ormeaux, & y fit faire vn beau ieu de Mail, pour le diuertissement des habitans de cette Ville.

L'an 1621. fut coupé le bois de la Chartreuse de Saix, pour faire les fortifications de Castres.

L'an 1625. Monsieur le Mareschal de Themines fit le premier degast à Castres, & pour lors la Ville fit couper le bois dit de la Michonne, qui estoit prés la porte de l'Albinque, afin qu'il ne seruit plus de retraite aux ennemis, comme il auoit fait auparauant.

L'an 1628. Monsieur le Prince de Condé, fit le second degast à Castres, & print, Realmont, Brassac, S. Seuer, & Castelnau de Brassac.

L'an 1629. Monsieur de Ventadour, fit le troisiesme degast à Castres.

L'an 1631. furent demolies les belles fortifications de Castres, & les Consuls, College, &c. furent my-partis.

L'an 1638. en Septembre, la Cour ayant apris les necessitez des gens que le Roy auoit, pour chasser les Espagnols, qui estoient venus assieger Leucate, donna vn Arrest, portant qu'on feroit vn notable effort, tant dans Castres qu'aux enuirons, & se seura de l'argent de deux festins, qui luy estoient deus, reuenans à 500. escus, pour les employer à ce notable seruice, afin d'augmenter le secours, & aiguillonner vn chacun par son exemple, à ne rien Espargner, de sorte que Monsieur Maistre Pierre de Roquairols, & Monsieur de Rotolp, Sr.

de la Deuese, deputez pour cét effet, aux lieux c[ir]conuoisins, assemblerent beaucoup de soldats, & tout estant ramassé, on fit vn fort leste regimen[t] de mille hommes, outre vne compagnie de 50. fu[si]illiers à cheual, que ledit Sr. de Roquayrols [y] mena de son Chef. Ce secours fut fort notable, & ne contribua pas peu à chasser les ennemis, en cette fameuse nuit, en laquelle ils furent desfaits deuan[t] Leucate.

L'an 1648. fut establie dans Castres vne Academie illustre, composée de 20. personnes d'Erudition, où on discourt à fonds tous les Ieudis, de matieres Philosophiques, & où on porte des dis cours tres-curieux, ce qui n'apporte pas peu d[e] lustre, & d'vtilité à cette Ville.

Ce sont les memoires que i'ay iugez dignes d'estre mis dans ce Chapitre, ny en ayant pas voulu repeter beaucoup d'autres que i'en ay rapportez e[n] diuers endroits de ce Liure.

Ceux qui desireront sçauoir les autres particularitez arriuées durant nos troubles, depuis l'an 1560. pourront auoir recours au manuscrit exact, que feu Iacques Gaches, Bourgeois de cette Vill[e] en a laissé.

Des lieux qui sont à l'entour de la ville de Castres, à trois ou quatre lieuës à la ronde.

CHAP. XXI.

IE ne puis dire que peu de chose des Villes qu[i] sont au tour de Castres, parce qu'elles ne son[t] pas grandement remarquables, mais neantmoins ie ne passeray point sous silence ce que i'en sçay de notable & de curieux.

De Rebel.

La Ville de Rebel, est ainsi nommée, à cause du Roy Philippe le Bel, sous le regne duquel, il fut augmenté, car il s'appelloit auparauant, la Bastide de Bauré, côme tesmoignent ces vers, qu'on void encore sur la porte de la Ville, dite, de S. Antoine, qui sont tels, & non comme les a baillez le Sieur Catel, en son Histoire du Languedoc.

Quæ noua iam dudum, bauri bastida vocabar
Dicta rebellus ero Regis honore mei.
O pater omnipotens, Rex Regum Trinus & Vnus,
Da mihi perpetua prosperitate frui.

On lit aussi les vers suiuans sur vne autre pierre qui est à Reuel.

Gallia dum gemeres, flagrantibus vndique bellis
Pro aris atque focis, hæc moenia structa fuere.

Cette Ville est fort iolie, tant pour auoir ses rues fort bien départies, vne belle place couuerte en forme de guirlande, & vne rare fontaine au milieu, que pour les lieux de plaisance qui sont à l'entour d'icelle.

I'adiousteray en faueur des Apotiquaires, qu'és enuirons de Rebel se trouuent des Viperes.

De Soreze.

Soreze est vn lieu à trois lieués de Castres, prenant son nom d'vn ruisseau appellé Soré, & en Latin, *Soricinus*, ou *amnis soror*, ce que proue vne belle inscription en marbre trouuée en faisant les fondemens de l'Abbaye, elle est telle.

Soricini laudes cantemus Musa callentes. omnibus an-

tcit eius ager, nisi flatu venti rigidi australis lœdantu fructus ameni, ibi magnus Abbas præsidet religiosis. Cemeni montes vallant eius mænia, fruges ibi, formosa Nymphæ niue candidiores. Nomen dat vrbi soror amnis, agros irrigans, ibi plantatur vitis alba, nigra relicta. Vrbs antiqua, gaudet Rege Pipino fundata, manet in æuum, Vrbs lanifica foelix.

Cette inscription fait voir que cette Ville est assez ancienne, & qu'elle fut fondée par le Roy Pepin, qui regnoit l'an 751.

C'est là qu'il y a vne remarquable grotte, dite, lou Trauc del Catel, de laquelle a parlé le Sr. Fabry en son Panchimicù, disant qu'on y void de tres-admirables figures de marbre, naturelles.

De ce lieu est sorty Monsieur du Pressac, homme illustre, tant pour ses ouurages sur l'Art militaire, que pour ses actions genereuses.

De Puylaurens.

Puylaurens à trois lieuës de Castres, est dit comme qui diroit, Puy de Lauriers, & mesme porte pour armoiries vn Laurier, sans doute ce lieu en deuoit estre couuert auant qu'il fut basty.

De ce lieu est natif l'Historien Guillaume de Puilaurens, Chappelain de Raymond, Comte de Tolose, le Liure duquel le sieur Catel a fait imprimer au fonds du sien.

Il y auoit iadis à Puylaurens trois Chasteaux dont l'vn donne encore nom à vne porte de la Ville.

De Realmont.

Cette Ville fut construite de nouueau, l'an 1271. par Ordonnance de Guillaume de Gourdon, Seneschal de Carcassonne, agissant de la part du

de Castres, Livre second.

oy Philippe III. fils de S. Louys. Elle auoit esté anciennement sur vn Mont proche de ladite Ville appellé maintenant, Puech Caylou, & fut apres prise sur les Albigeois du temps de la Croisade qui fut faite contre eux.

Ce lieu s'est rendu considerable par la production de quelques hommes illustres, car Corras, Beraud en estoient natifs, c'est le lieu ou mourut l'an 1566. Guillaume Rondelet Professeur au Colege de Medecine de Montpelier, qui a composé vn liure docte en Medecine, & vn autre de la nature des poissons, il mourut pour auoir mangé des figues mauuaises.

Ez enuirons de Realmont y a vne mine d'argent, & vne de Vitriol blanc.

De Roquecourbe.

Roquecourbe qui est à vne lieuë de Castres est appellé *Rupes Carna*, & *Castellania de Roquacorba*, on y void les masures d'vn vieux Chasteau, ou quelques Comtes de Castres ont fait leur demeure. C'est vne Ville dont les habitans s'occupent la plus part à faire des bas, bonnets, & autres ouurages de laine, elle estoit bastie de sapin comme Castres à cause de l'abondance qu'il y en auoit en ce païs anciennement.

Prez de Roquecourbe se trouue de l'ocre, & de la pierre noire en abondance.

On a aussi remarqué de longue main que les habitans de cette Ville sont suiets à des charbons qu'ils appellent, lou maluat, & leur façon de les guerir est d'empescher de dormir le malade durant . iours, pendant lequel temps les parens du malade se vont fort resiouïr chez luy, tant à boire &

manger qu'à chanter & danser, pour le garder d[e] dormir. I'impute ce mal à ce qu'ils sont des premiers par les mains desquels passe la laine qu'on tire en ce païs des brebis mortes, à cause qu'ils ne se seruent presque d'autre laine en leur lanifice : o[r] la plus part de ces bestes meurent de maladie contagieuse.

De Burlats.

Le lieu de Burlats est nommé *Villa de Burlats, & Burlatum*, par Bernard Guido, il est enfoncé entre plusieurs montagnes qui abondent en plantes rares & vtiles qu'on vient vendre à Castres, aux Apoticquaires.

Prés de là, y a vne montagne de difficile accez, dite à cause de cela, la montagne de Paradis, elle est arrousée du ruisseau de Lignon, & est pleine de marbre, & de plantes rares, desquelles ie donneray vn iour au public le catalogue, s'il plaist à Dieu.

Dorgne.

Dorgne est à deux lieües & demie de Castres, & n'a rien de notable qu'vne fontaine, qui outre qu'elle guerit la gale, & autres maladies du cuir, a le flux & reflux comme la mer, sur quoy nous pouuons dire que les Philosophes ont esté autant gehenez à en raisonner, qu'Aristote à chercher la raison du reflux, que l'Euripe a par sept fois en vn iour, mais sans entrer en desespoir & s'y ietter dedans comme luy, l'art nous a fait voir cette merueille, en des fontaines artificielles de fer blanc, & les Ingenieurs de ce temps ont trouué sans y penser cette raison que les anciens n'auoient peu découurir. Car on dispose vne fontaine de fer blanc ayant vn tuyau perpendiculaire au milieu, qui aboutit

boutit sur vn bassin qui a vn petit trou au centre, on pose le bassin sur vne aiguiere, de sorte que e bassin ne peut tant verser d'eau comme il en reçoit, & ainsi bouche le conduit de la fontaine, le assin apres ayant mis le temps necessaire à se vuier la fontaine reprend air, & verse de nouueau usques qu'elle bouche derechef le bassin, & s'arreste comme la premiere fois, & cela continüe ainsi tousiours.

Prez de ce lieu de Dorgney a vne mine d'Orpiment.

De Lautrec.

Ce lieu est à deux lieuës de Castres, il est fort ancien, ainsi qu'on le peut iuger par vn ancien Temple de Ceres Eleusine qui y estoit, dit encore par abusion, Montlausi, ce qui est au mesme lieu qu'estoit le fort Chasteau des Vicôtes de Lautrec.

Il y a vne Eglise Parrochiale de sainct Remy fondée par Charlemagne, & vn Conuent de Cordeliers fondé l'an 1281. duquel le Chœur a esté basty par les maisons de Bearn & Foix, Nauarre, & Comenge, comme leurs armes qui s'y voyent en bosse le tesmoignent. Bertrand Vicomte de Lautrec leur fit aussi vne pention de cent liures par an, on ny void aucun tombeau de considerable que le suiuant, qui y a esté transporté du susdit Sainct Remy. *Anno incarnationis Iesu Domini 1279. 3. nonas Iulii obiit Poncius de prato Veteri, cuius anima. Requiescat in pace. Amen. & ipse fecit construere hoc sepulchrum ann. ut supra.*

Il est à notter que Nic. Sanson excellent Geogr. s'est pris garde que les peuples dits par Pline, & autres *Cambolectri Atlantici*, sont vers Lautrec, *Cam-*

Les antiquitez de la Ville

boleſtri Cononienſes, vers la Caune, & *camboleſtṛ belenteri*, vers Alby, ce qui n'apportera pas à mō aduis peu de iour à deſcouurir les antiq. de ce pays

Il s'y trouue du Marbre & des Limaçons marins blancs, & noirs, petrifiez, en tres-grande quantité. On les tire à coups de marteaux d'vn Roche qui eſt proche de la Ville, les gens de ce lieu le appellent de pardons, c'eſt vne choſe bien eſtrange qu'és lieux eſloignez de la mer comme celui-cy, la nature produiſe du coquillage, & on ne peut dire ſur ce ſuiet, ſinon que quelque conſtellation apte à la generation de ces coquilles, fait là, le meſme effet que ſur la mer, mais à faute d'eau ſalée, elle ne les produit pas en vie ; ou il faut dire que ce lieu à iadis eſté mer, ou que le deluge vniuerſel laiſſa en cét endroit ces limaçons, qui s'y ſont depuis petrifiez par la ſucceſſion du temps.

De Caucalieres.

C'eſt vn Chaſteau prés de Caſtres, ou il y a de belles grottes naturelles, & de congelations, comme auſſi vne quantité incroyable de croye blanche excellente.

Dauterixe.

C'eſt vn Chaſteau ancien à vne lieuë de Caſtres qui fut pris par le Comte de Toloſe, l'an 1226. ſelon Guillaume de Podiolauro.

De S. Amans.

Ce lieu eſt à quatre lieuës de Caſtres, ſur le chemin de Montpelier, il s'y trouue du Talc, & vne montagne ſi haute, qu'on en deſcouure la Mer Mediterannée, & dans le lieu y a des fours ou on trouue vne infinité de ſerpens en plein Hyuer.

De la Brugniere.

C'est vne petite ville distante de Castres d'vne lieuë, ou on trouue des Marcassites, & charbon de pierre le long de l'eau, à vne arquebusade de la Ville. On dit aussi qu'en cette Ville fut trouué vn serpent ayant vne pierre Cristalline en forme de pyramide, sur la teste.

De Lombers.

C'est vn lieu ancien, d'où sont sortis de vaillans hommes. C'est là que mourut Laurens Ioubert, Professeur en Medecine, & Chancelier en l'Vniuersité de Montpelier l'an 1582.

Ie trouue aussi que ce fut le refuge de ceux qu'on appelloit les bons hommes, qui furent condamnez par vn Concile tenu à Alby, l'an 1176.

De Cuitalens.

Prés de S. Paul, dit, de Cap de ious, c'est à dire de capite Iouis, est vn lieu, dit, Guitalens, touchant lequel m'ayant esté communiqué vn memoire ancien qui fait voir l'origine de son nom, ie n'ay pas voulu manquer à l'inserer dans ce Chapitre.

Interea Carolus Rex (c'est à dire Charles le Chauue) *in syluam Vaurensem & pagum albiensem illi adiacentem mittit mille quingentos equites & quinque millia peditum, qui casas, mansos, villas, oppida multa & aliquas curtes funditus euerterunt & sine delectu viros & foeminas trucidarunt, captiuos tanquam perduelles patibulo affixerunt, & dum magna strage facta reditum parabant, Galdoinus Episcopus Albiensis iunctis copiis cum Alphonso Vabresio seniore Mardeburgico Castrensi Monianorum, in Carlonienses vagantes & incautos irruperunt & in transitu vadi Morini fluminis Acuti, ad internecionem deleuerunt, ita vt pene omnes,* aut ferro, aut fluuio, aut suspendio perierint, & ex in de Vadum Morinum, nouam accepit denominationem & hodie in memoriam suspensionis nostrorum, vocatur Vadum Talionis. Ex manuscripto Odonis Ariberti ann. 844.

Par ce memoire il appert comme Guitalens s'apelloit le Gué Morin auparauãt, & fut apres appellé, Gué de Talion, & apres par corruption Guitalens, parce qu'on rendit en cet endroit la pareille à cette armée qui auoit fait beaucoup de mal à ce pays.

De Roquecessiere.

Ce lieu est dit du mot, *rupes Cæsaris*, & on a trouué depuis peu la harangue qui fut faite à Iules Cæsar, mais ie ne l'ay peu encore recouurer.

Il y a plusieurs autres lieux aux enuirons de Castres, desquels ie pourrois parler, mais pour esuiter la prolixité, ie les passeray sous silence, remettant à ma seconde impression à en traiter plus au long, me contentant de dire pour le present qu'il y a de si excellens Artisans, en plusieurs des lieux susdits, tant en fer, qu'en autres matieres, qu'on leur vient achepter de bien loin, toutes sortes d'outils, à cause de leur bonté particuliere.

Et pour faire la fin, ie diray comme nous auons à nos enuirons des lieux de plaisance dépendans de Castres, qui sont tres-delicieux, les vns naturels, & les autres par artifice, entre lesquels sont Gayx, place de Messire Louys de Cardaillac, Comte de Vieules, qui n'a pas de pareille pour les beautez naturelles, & le lieu de Crins qui est à Grauliet appartenant à Mr. le Comte d'Aubijous, pour les merueilles de l'Art, car on y void tout ce que l'artifice à peu suggerer de rare aux Ingenieurs touchant les inuentions hydrauliques, & les plus excellens iardiniers y ont laissé à la posterité leurs chef-d'œuures, ie veux dire tous ces beaux parterres, labyrintes, planchers naturels, berceaux, & cabinets qui donnent tant de satisfaction à tous les sens, qu'on seroit en peine de dire quel est celuy de tous cinq qui en reçoit plus de volupté.

Appendice, contenant plusieurs choses remarquables qui auoient esté obmises dans les deux liures des antiquitez de la Ville de Castres.

Chap. XXII.

Omissions du premier Liure.

C'Est la coustume des Historiens, comme on peut voir dans Saincte Marthe & autres, de mettre à la fin de leur Liure, vn Chapitre d'obmissions, parce qu'on recouure tousiours quelques memoires qui concernent les matieres qu'on a faites imprimer. Or m'en estant arriué de mesme, i'ay adiousté ce Chapitre pour y placer les remarques, suiuantes.

A la page 5. sur la fin, auant ces mots; Theodoric estant mort, lis, cecy. Ce Theod. Roy des Goths gist à l'Eglise de S. Vvast, auec sa femme Doda, auec cette inscription sur leurs tombeaux.

Rex Theodoricus, ditans & verus amicus
Nos ope multimoda, iacet hic cum coniunge Doda,
Regis larga manus & presul Vindicianus,

Nobis Regaledant & ius Pontificale,
In decies nono cum quinquagies duodeno
Anno defunctum, sciet hunc qui quatuor addet,
Qua legis hac hora, Dominum pro Regibus ora,
Muneribus quorum stat vita Dei famulorum.

Page 6. l. 31. apres ces mots, & le defit entierement, a esté obmis de mettre, que Clotilde femme d'Almalric, gist à Paris, en l'Eglise de Saincte Geneuiefue, prés de ses pere & mere.

Page 20. lig. 28. *Godonis Villa* ainsi dite d'vn homme appellé Godo, qui ceda les droits Seigneuriaux qu'il y auoit au Chapitre de Castres.

Page 28. & 55. au lieu de Seueratus, lisez, Seueracus, car c'est vne erreur du Sr. Catel, qui s'est failly, parce que les anciens faisoient le C. comme vn T.

Page 28. au commencement, lisez, le vnziesme Abbé est Petrus Isarni.

Page 39. à la derniere ligne, lisez, Philippe de Brueriis, selon vne vieille reddition de Comtes faite à la Comtesse de Castres, se qualifie, *miles* (c'est à dire Cheualier,) *Dominus de Riuello, & gubernator Castrensis pro supradicta Comitissa.*

Page 41. à la fin, lisez, cecy. Ce Iacques de Bourbon estoit en telle consideration, que le Roy d'Angleterre, Edouard, qui le tenoit prisonnier, l'an 1360. parle de luy dans le traité de Paix, fait à Bretigny, en ces termes. Et par ce que nous sçauõs bien de verité, que nostre cousin, Messire Iacques de Bourbon, à tousiours mis peine à ce que accord fut fait, entre nous & nostre frere de France, en quelque estat qu'il soit, rançonné, ou à rançonner, nous le deliurerons sans coust, & sans frais, en la

Ville de Bologne, mais que le traicté soit tenu, ainsi que nous l'esperons qu'il le sera.

Page 46. au commencement, apres ces mots, Henry IV. doit estre mis cecy. Louys de Bourbon fils de Iean, & de Catherine de Vendosme, gist à l'Eglise de Sainct George, en la Chappelle de nostre Dame, auec cette inscription.

Cy gist haut & puissant Prince Monseigneur Louys de Bourbon, Comte de Vendosme, & souuerain Maistre de France, fils de tres-pieux & magnanime Prince, Monseigneur Iean de Bourbon, Comte de Vendosme, de la Marche, de Castres, & de Ponthieu, & de tres-excellente Dame, Madame Catherine de Vendosme, Comtesse des susdits Comtez, lequel Monseigneur Louys deceda le 21. de Decembre l'an de grace 1447.

Epitaphes de ses deux femmes.

En ce mesme sepulchre gisent tres-excellentes vertueuses Dames & Princesses, Blanche de Roucy, Comtesse de Vendosme, femme & espouse premiere dudit Comte Louys de Bourbon, & Ieanne de Laual, qu'il espousa en secondes nopces. Elle mourut en son Chasteau de Lauardin, prés de Vendosme, le 18. de Decembre 1468.

Le susdit Louys de Bourbon eut aussi de sa seconde femme, vn fils nommé Iean, qui fut marié à Isabeau de Beauueau, ils gisent tous deux au mesme lieu, auec Epitaphes.

Page 47. l. 24. On void encore l'Epitaphe de la susdite Ieanne, dans l'Eglise de l'Annonciade de Naples, selon Bossius, & Scipion Ammirato qui a fait vn Liure exprez de la vie de cette Reyne, par lequel on apprend qu'elle fut si inhumaine, qu'apres auoir espousé solemnellement le susdit Iacques de Bourbon, non seulement elle le chassa de son Palais, mais aussi le tint en prison dãs son Chasteau de Louo, incitée à ce faire par Sforce Seigneur Neapolitain pour lequel elle auoit de tresfortes inclinations, mais Iacques en estant enfin deliuré par l'intercession du Pape Martin, essaya de faire la guerre à sa femme, & vendit à cet effet la Ville de Tarente à Antoine Vrsin, & se deffit aussi de diuerses Seigneuries qu'il auoit au Comté de Castres, mais ce fut en vain, car il ne peut receuoir du secours des François qui estoient pour lors assez occupez contre les Anglois, or le Pape voyant les inhumanitez de cette femme, fit don du Royaume de Naples à Louys d'Aniou, à cause dequoy elle appella Alphonse Roy d'Aragon, & l'adopta pour son fils, affin de l'obliger a s'opposer audit Louys, mais l'esprit inconstant de cette Reyne iouant tousiours son personnage fit que s'estant lassée d'Alphonse, elle appella son frere à son secours contre ledit Alphonse, & s'estant fortifiée dans Capuana adopta son ennemy Louys d'Aniou qui y regna, mais non pas paisiblement, estant tousiours fatigué par Alphonse. Ensin Ieanne luy suruesquit, & estant morte de tristesse pour la perte de son fils adoptif, elle fit heritier René d'Aniou Duc de Lorraine frere dudit Louys, nonobstant quoy Alphonse s'empara du Royaume, & en iouit par consentement du Pape Eugene, voire mesme son fils bastard, Fernand, eut la dispense de luy succeder, cette histoire s'est recueillie de Collenutius, Ammirato, & des Archifs de cette Ville.

omissions

de Castres, Liure Second. 105
Omissions du second Liure.

Page 6. auant le titre des freres Clathrez, lisez cecy.

L'an 1030. Le Roy Robert enuoya deux Moynes pour reformer le Conuent de sainct Benoist de Castres, nommez Agesil & Reinal, & ce à la sollicitation de Guillaume, qui ayant esté Moyne dudit Conuent, fut apres Abbé de Dijon, & enfin de sainct Germain.

Page 8. auant le titre des Cordeliers lisez cecy.

Touchant ce transport de Relique de sainct Vincent dont il a esté parlé dans ce Chap. se voyent les vers suiuans dans Aymon le Moine, que i'insereray icy comme necessaires à la confirmation de cette Histoire.

Bis quadringentis, decies, quinisque volutis,
Quatuor inque super cielis, à præsule Christo,
Virgineo semperque sacro de germine nato,
Andaldus fuerat tali de nomine notus
In Castro Monachus, communi lege probatus,
Atque sacer sancti gestans Aronis honorem.
Hic vno Comite assumpto, perpessus amara
Plura, sed in dulces conuertens cuncta sapores
Institit audacter quandoque Valencia Ciuem
Quo se susciperet, peregrino functus agone.

Et ailleurs.

Cæsar in augusta Senioris fraude relicta
Omissis nec non alijs, ob dicere longum,
Ad Castrum bellam patris cellam Benedicti
Perneniat Christi Martyr, Leuitaque sanctus
Cuius en Aduentu, fuerint qua gaudia, nullus
Ora gerens centum poterit depromere verbis.

Page 17. Apres les Religieuses de Ste. Claire de Castres, mets ce tiltre, &c.

X

De l'Eglise de S. Hyllaire, au lieu de Fregeuille près d Castres.

Ie n'auois rien à dire de cette Eglise, mai m'ayant esté communiqué le tombeau suiuant, qu s'y voyoit iadis, ie ne l'ay pas voulu obmettre.

Presbiter Albertus, tumulo concludier isto
Elegit, spernens titulatos sæculi honores,
Vt queat absconditi, voluit sixe stemmate condi,
Nobilitate potens, talis fastidit haberi,
Vt patefacta tamen sit virtus tanta trahatque
Exemplo hoc patruo, mæstus posuit Monumentum
Manfredus, Clara Albertorum stirpe creatus.

Et plus bas.

Funere completo & tumulari carmine sculpto,
Opprimitur cæco morbo Manfredus, & vnà
Hic iacet, ô quicumque hac transis, siste parumper,
Proque vtroque ora, dicendo mente piater.
Pater noster.
Ioannes Albertus filius Manfredi, Dominus de Roquay-
rolis prope Senegatium, lugens hoc posui anno 1426.

Page 20. lign. 21. Mr. Me. Pierre de Pelisson, Conseiller.

Page. 24. lig. 24. Guillaume de Piano, Cheualier, & Seneschal d'Eleonor de Montfort, Comtesse de Castres.

Page 24. sur la fin, apres Iean de Beyne, Seigneur Descrouts, lisez, qui dás les vieilles, actes se qualific tousiours, *gubernator fortalitiorum, Domini Comitis Castrensis*, & auquel le Comte Bouchard de Vendosme, fit don l'an 1368. dans son Chasteau de Roquecourbe, de tous les droits Seigneuriaux, qu'il auoit au lieu de Viane, & ce pour les agreables ser ices qu'il dit auoir receus, & receuoir tous les iours e luy, qui auoit souuent hazardé sa vie, pour a conseruation de la sienne. Cet acte fut retenu ar Vitalis Sabateri, Notaire & Clerc de la Treso- erie du Comté de Castres.

Et vn peu apres, lisez, Robert d'Escrouts Es- cuyer.

Page 25. lig. 28. Guillaume de Lotis estoit Iuge ordinaire, l'an 1311. & Bernard Saille l'an 1312.

Page 26. lig. 24. l'an 1311. Raymond Gauau- dan estoit Iuge d'Appeaux.

Page 41. lig. 16. les armes de Monsieur de Bonne, sont les mesmes que celles de Mr. de Lesdiguieres qui est aussi de Bone, à sçauoir vn Lyon rampant, & trois roses en chef.

Et les armes de noble Marquis de Gep, sieur de Sauuian, sont trois Croix d'argent, en champ de gueules.

FIN.

RECVEIL DES INSCRIPTIONS
Romaines, & autres antiquitez du Languedoc,
& de ses enuirons, qui n'auoient point esté
encore imprimées.

PArce que plusieurs Inscriptions antiques, & autres remarques notables me sont tombées entre les mains, qui n'ont point esté données au public par Poldo, Grasserus, Catel, ny autre antiquaire qui ait escrit du Languedoc, & parce que ie sçay que plusieurs en tirent de grandes vtilitez pour l'intelligence des Autheurs, comme le temoigne le Commentaire de Leuinus Torrentius sur Suetone, les œuures de Lipse, de Lacerda sur Virgile, & autres qui s'en sōt tres vtilemēt seruis. Iay creu que ie les deuois inserer icy, veu que les pierres de la pluspart estans perduës, leur memoire s'effaceroit entierement de celle des hommes.

De Nismes.

La Ville de Nismes est fort ancienne, car elle fut bastie par Nemausus fils d'Hercule à cause dequoy quelques vns l'ont nōmée Heraclea, puis les Romains y ayans enuoyé vne Colonie qui auoit esté en Egypte, ils y bastirēt beaucoup de superbes edifices, comme la maison quarrée, tour Roumague c'est à dire tour Romaine, & le Pont du Gard affin de faire venir à Nismes vn torrent qui representast le Tibre, voulans rendre Nismes semblable à la Ville de Rome, aussi y auoient ils fait vn Capi'ole, & vn champ de Mars. Et en memoire de leur Colonie ils mirent sur le Pont du Gard vne teste voilee pour representer la Deesse Isis, mais on ne void en tout ce magnifique Pont d'autre inscription que ces trois lettres A. E. A. & firent battre beaucoup de medailles, ou on lit ces mots, Col. Nem. cet à dire Colonia Nemausensis, sur la figure d'vn Crocodile attaché à vn Palmier pour representer le païs d'Egypte d'ou ils venoient.

On void aussi à Nismes l'Amphiteatre le plus entier de tous ceux qui restent, il y fut basti 88. ans apres la Passion de Iesus-Christ, à sçauoir du temps de l'Empereur Hadrian qui l'edifia en memoire de son fils Antonin le debonnaire, & de Plotine sa femme, en quoy se void l'erreur du peuple qui asseure que les pierres fendues qu'on y void se fendirent de la sorte lors que Iesus-Christ patissoit sur la Croix, veu qu'il n'estoit pas encore basty, & les deux visages qu'on void au reuers de la medaille susdite peuuent le confirmer, veu qu'ils representent Antonin & Verus freres, auec cette inscription. Imp. D. F. cet à dire, *Imperatores diui fratres*, còme ils sont qualifiez dans les loys Rom. ce qui montre euidemment la faute de ceux qui interpretent *Col. Nem. Colligauit nemo*, entre lesquels est Paradin, & expliquent le reuers en faueur d'Auguste. *Imp. D. F. Imperator diui filius.*

Voicy maintenant les inscriptions que i'ay peu ramasser touchant cette Ville, qui ne sont point imprimées ailleurs.

1. L. Letius Marulius IIIIII. Vir. Aug. & Decur. Ornam. V. F.
2. T. Iul Nicostrati. Iulia Nice Fratri Pientissimo.

3. D. M. Sex. Iul. Sex. F. Vol. Nundini, F. & Iul Optati, Fratris & Iuliæ Optatæ Sororis Alcimus & Marcion, & Euangelia, Lib.

4. D. M. C. Munni Euphemi Sex. Caratius Onesimus & Cambaria chrysante amico optim.

5. D. M. Satulli Hospitis Faustina Vxor.

6. D. M. Vediæ Musæ.

7. C. Caselli Vol. Pompeiani Præf. Fabr. liiil. Vir. iur. dic. Præf. Vig. & arm. Antoniæ Titulæ Vxori.

8. D. M. Attiæ peculiaris, q. Iulius Attianus Matri optim.

9. liiiil. Virg. Aug. L. Valerio Vol. Philumeno, Cartario.

10. Hortensiæ L. F. Honoratæ, Sulpicia. Q. F. Honorata. Matri piissimæ.

11. M. Allius Vitalis testamento rogatus.

12. Octauio Seruato.

13. D. M. Vlpiæ. M. Fil. Theodote c. Pantuleius Anatellon & M. Vlpius successus heredes Fœminæ Karissimi exempli.

14. D. M. Luciliæ. L. Filiæ secundillæ P. Actetius Saturninus. Vxori Karissimæ quæ Secum Vixit annis. xx. H. M. H. N. S. Secundilla salue, Lucilia Luget.

15. D. M. T. Æmilio diodeti Senucia Maxima Marito optimo & Karissimo & pientissimo.

16. D. M. I. Valerius primi. T. Iun. Triptosæ Viua Fec.

17. D. M. T. Terti Pauli Primigenia Aurelia Vxor T. Tertius Verecun. Lib.

18. D. M. D. Passoni Paterni Sex Passon. Paternus Patri Optimo & Seueria Seuerino Marito Karissimo.

Antiques.

9. L. Iulio. Q. F. Volt. nigro. IIII. Vir. Ab. Aer.
IIII. Vir. Aug. Cor. Nemausens. L. D. D. D.
10. Paterno. Sextili. Fil. & Armiliæ Phæbe Atu-
ri. Paterni.
11. L. Elidonto Titullino Elidonia Hygia vxor.
12. D. M. Titiæ amabilis M. domitius... Aprilis Vxori optimæ.
13. Iul. D. F. Marfella Viua, fibi pofuit.
14. Dis manibus. Ti. Comini Afprenatis.
15. D. M. C. Iulii. veri vatini Callitychæ marito
de fe bene merita.
16. D. M. Pufoniæ Pedulæ P. Pufonius Pedo
Alumnus.
17. D. M. Q. Cæcilio. Ruffino P. Fauftæ Cra-
gonis F. M. Q. Cæcilio Fauftino F. Q. Cæcilius
Nundinus Parentibus, vxori, filio, fibi.
18. Q. Cæcilio Nundino. Sytyche, vxor refti-
tuit.
19. Sattiæ Mirtales Maximia Caluina matri.
30. Caluini Mirtaloris Maximia Caluina Patri.
31. D. M. IIIII. Vir. Aug. C. Vetti Ermetis Iulia
Eufcina vxor.
32. D. Pompeio Homuncioni Patri. Q.
33. IIII. vir. Aug. T. Kari fotrichi Serana vxor.
34. D. M. LL. Aponiani Qui vixit Ann. X. M. 6.
D. II. Macria primula foror Pientiffima fratri.
35. Sex. Adginnius folutus & Adgenia licinilla Parentibus.
36. D. M. Cn. Pompeii. Primitiui Firmia Helpis
Marito optimo.
37. Diis manibus C. Seni Pyrami Ti. Occia Pe-
regrina Sibi & viro. V. F.
38. C. Vafrio. L. F. Vol. Luffori Q. Col.

39. D. M. Sex porcii Seueri Sex. Por. Bacchylu Amicus.
40. D. M. Aurelia Cressentina Coniugi VI. Prodito Cum quo Vixit annis XI. posuit.
41. D. M. T. Messi Belini V. S. P.
42. D. M. Secundinæ Primi, F. S. Propertius Epapra vxori.
43. D. M. Blaisiæ Sex lib. Hygiæ.
44. D. M. Arethusæ Charis. Contubernal,
45. Sexto melio Honorato Filio.
46. D. M. Tertii Samml. Vol. rari Q. Nem. & decur. & sammiæ Atticiæ vxor & Hortentri Fil. T. F. I.
47. Iiiiil. Vir. Aug. Thitullus Sibi & Saturnæ vtatæ fil. Matri. V. F.
48. Valeriæ Q. F. Sextinæ Flam. Aug.
49. D. M. Tertii Pompei Materni Ciuis rei Iulia attici L. Marito Optimo Et sibi viua posuit.
50. D. M. Lucio Iulio Nicandro P. Recilia meniane coniugi incomparabili posuit.
51. Memoriæ Liciniæ Decumanæ Sex. Licinius Irrinæus vxori Et Licin. Titullus Matri.
52. Dis manib. Sex Domit. Sparsi F. Sex. N. Ginius. L.
53. Dis manibus. Valeriæ Valeri fil.
54. D. M. I. Sabini Quintiliani L. Attecius, Cornelianus Mærens.
55. Attiæ Euphemiæ Quæ V. an. VI. M. V. Attius Epaphroditus Libert. Dulcissimi.
56. D. M. L. Iuli Nigrini L. Iulius peculiaris Libert. Optimo Et Pientissimo.
57. D. M. Erotis L. Iulii. Iuliani Terph. He Contubernalis.

Antiques.

58. D. M. Valeriæ Octauiæ Valeria Vera Filiæ Pientissimæ.
59. Pediæ Helpios Pedia Filina Fil. matri Pientissimæ.
60. Iuliæ Honoratæ Ruſtica. T. F. Honorata mat.
61. D. M. Zoës Cæcilia Helpis filiæ Piiſſunæ Et ſubſtitutus Contubernali ſuæ.
62. D. M. Publiciæ Aphrodiſæ Sex. Iunius Paulinus Vxori Kariſſimæ.
63. D. M. Vinuciæ Montani F. Seruatæ C. Quintii. Eutychus Vxori Optimæ.
64. D. M. Cuius Dedicationem & Clupei ſuixi dedit.
65. Fulgur Conditum Diuom.
66. Olo Nemauſo Marius Paternus Propatri V. S. L. M.
67. Mnemoſune melodes. L. Iulius Iuſtus Contub.
68. Riburiæ Suauis Sibi & ſuis T. F. I.

Au Vicomté d'Vſez.

69. Sex Pompeius. 1. cognomine pandus
Qaoius. &. hoc. ab. auis. contigit. eſſe ſolum
Ædiculam. hanc. numphis. poſuit. quia ſapius Vſſus.
Hoc. ſum. fonte. ſenex. tam bene. quam. Iuuenis.

A Chaſteau Renard.

70. Ab. Trib. mil. Cor.

En Arles.

71. D. M. Dulciſſimo & Innocentiſſ. Filio. Tannonio. qui vixit. an VI. M. VI. D. VI. Tannonius. Et Valeriana parentes filio Cariſſimo & omni tempore Vitæ ſuæ deſiderantiſſimo.
72. D. M. Cæciliæ D. Erpuliæ Deſignatæ. Col. Dea. Aug. Vol. ann. xiii. menſ. 11. D. V. Maritus. Vxori piiſſimæ.

73. D. M. Ætoriæ glyceræ Ætorius Herme coniugi.
74. D. M. T. Valeri Dionyfi Valeria Carif. vxor & Valeri Marcellus Et Felicio patri piiſſ.
75. Memoriæ æternæ.

Tirant d'Arles à S. Remy.

76. D. M. Metiliæ Protidis Matri Birbilita Lucinæ.
77. M. Seuerius M. I. Fabulator flam. Rom. Aug. hiiii. Vir. Pont. Col. Rei. Or. Apollinar. Sib & Careiæ Carei. Fil. Pater Tiæ Optimæ vxori.
78. M. Frontoni Eupor. liiiii. Vir. Aug. Col. Iulia Aug. aquis fextis Nauicularum. Mar. Aurel Curat. eiufd. corp. Patrono nautarum. Druenticorum & clarior. corp. Ernaginenfum Iulia Nic. vxor Coniugi Cariſſimo.

A Narbonne, fous le pied d'eſtal d'vne ſtatuë.

79. Gemo Patroni.
80. C. Marulius C. F. Pap. Rufus Vmber ex decuria licterum viatorum quæ eſt. Fecit ſibi & ſuis
81. *..Tibi præterno redeat feliciter amnis*
   Semper & ex facili vna regatur ope
Et dura mortis facratos lædere Manes
   Ecce monent leges & leuis vmbra rogi.
82. *Nec iuſſa teſtamentum neque voce rogata,*
   Sed pia pro meritis ſponte ſua poſuit.
P. Licinius. S. vlla H. M. H. N. S.
83. Q. Vbius. Q. F. maximus Capito L. F. P. R. II. vir. aram Volcano Maceria Q. aram. ſapiendem piſcinam. Q. IX. D. D. de pecunia publica facienda cur. Q. Vbius Q. F. Maximus probauit.

Fragment.

84. *... nec duro iam doleas obitu*

Antiques.

Nec tibi nec nobis æternum viuere verum
    Quod pueri occidimus fata quærenda putas
Dum sis in vita dolor est amittere vitam
    Dum simul occidimus omnia despicias
Orbem sub lege si habeas dum viuis ad ortum
    Quid valeat nulla est diuitis ambitio.

85. D. M. Et memoriæ æternæ Iulii Zosimi iuuenis innocentissimi qui vixit annis XXX. M. I. D. III. sine vlla animi læsione melius Zosimus pater infelicissimus amissione eius deceptus & sibi viuus po. & sub ascia dedicauit.

86. D. M. Milui & memoriæ æternæ Cornelio victori vet. leg. XXII. Cornelia Paulina coniugi carissimo qui vixit annis. XXXX. sine vlla animi læsione ponendum Curauit & sub ascia dedicauit.

87. D. M. P. Primius Electianus. P. Primi Cupit. Lib. qui vt haberet Viuus sibi posuit & sub Ascia dedic. domui æternæ.

88. D. M. Et quieti æternæ Cœrialiæ Aulinæ coniugi. Karissimæ M. Iulius Fortunatus & sibi Viuus. Ponendum Curauit & sub Ascia dedicauit.

89. D. M. Quieti æternæ. T. Cassi Lucinuli mercator. Cessor. & Cassia veratia filio dulcissimo Et sibi Viui Posterisque suis fecerunt Et sub Ascia. D. D.

A Sernhac.

90. Philippus Architectus Maximus hic situs est.
91. Iulius Valeriani mil. XX. Britannic. Ben. Aug. Militauit ann. X. mens. VII. Dies XXV. Vixit ann. XXXI. mens. V. Dies XXV. S. Iulia. Ivl. Filio Sanctissima satis & sibi Viua.
92. Sanctitati Iouis & Augusti. sacrum Licinius Casti. F.

A Beziers.

93. M. Iulio Philippo Cæsar Nobiliss. Iuuentutis, Sept. Principi Bæterr.

94. Beryllus esse lib. xx. nat. Græc. ann. xxv. nomas coniunx. Vir. B. Mer,

De S. Giles.

Sainct Giles ancien seiour des Roys des Goths est appellé *Ciuitas Ægidiensis*, ou *sancti Ægidii*, & anciennement Heraclea selon Pline, l. 3. c. 5. parce qu'on dit qu'elle a esté fondée par Hercules.

D'autres l'ont nommée Gothia, comme on le void dans Robertus de Monte, & Septimania, selon Nitardus l. 2.

D'autres ont voulu attribuer à Nismes, le nom d'Eraclea, mais il est fort aisé de leur monstrer leur erreur, veu que les Autheurs mettent cette Heraclea prés du Rosne, or sainct Giles en est plus prés que Nismes, & par consequent est le vray Eraclea, à quoy le grand Antiquaire Poldo s'accorde dans son Liure des Antiquitez du Languedoc.

Cette Ville fut fondée 590. ans auant Rome, c'est à dire l'an du monde 4440.

On y trouue encore, tant au dedans qu'au dehors des marques fort considerables de son antiquité, dans la Ville, il y a quelques masures d'Amphitheatres, & beaucoup de tombeaux, auec Epitaphes Latines, & Gothiques. Il y auoit autresfois en ce lieu vn rare Temple des Payens à trois estages duquel on a emporté les ouurages Mosaique's, & Colomnes de Iaspe, & Porphire à Paris, pour l'ornement du Palais du Cardinal de Richelieu.

Prez de la Ville est la forest dont l'vne partie est nommée la Seuue Goudesque c'est à dire *Sylua G*-

thica, & l'autre *Sylua spirana* ou Despeiran. D'autres l'appellent toute ensemble, *Vallis flauiana*.

Cette ville est non seulement superbe pour son antiquité, mais aussi pour les hommes illustres qui en sont sortis, côme le Pape Clement IV. & autres.

Elle fut ruinée par Bamba Roy des Goths comme il se trouue dans vn manuscrit ancien, & leur fureur est cause que beaucoup de choses remarquables s'y sont perduës, voicy encore quelques restes des Epitaphes qui estoient hors la Ville.

1. D. M. Cattiæ bæticæ M. suæ L. iul. Cattius Cominius coniugi incomparabili.
2. Piriciolo filio Vernacius pisanus.

Diis manibus.

3. Pompeiæ diocenæ Æmilius Seuerinus erat sorori ratissimæ.
4. Memoriæ æternæ miti.
5. Hic Sancius pisanus Fracardi filius requiescit.

De Monpelier.

Monpelier a esté basti des ruines de Substancion qui est l'ancien Monpelier, de Maguelone & de Lates ville antique que Pline appelle Laterra. La petitesse du Consulat de Monpelier témoigne sa nouueauté, & au contraire celuy de Lates & autres lieux démolis à ses enuirons estans fort grands, prouuent leur antiquité.

Monpelier estoit vne montagne pleine d'arbres qu'on appelle Melaises, & en vulgaire, Meué, comme a remarqué Dortoman en son Liure des Bains de Baleruc, & plusieurs maisons en estans basties, cela côfirme cette opinion. Cette montagne estoit fermée de murailles, & au verrouil, à cause dequoy quelques vns croyent que son nom vient de Mons,

& de Pessulus, c'est à dire Mont verrouil, ce que le mot vulgaire Peila, c'est à dire fermer, confirme, d'où peut estre venu le nom de Montpellier, c'est à dire fermé, se rapportant ainsi au nom Latin.

Les autres disent qu'il vient de Montperier, à cause qu'il est pierreux, ou Montpuelier ou Puellarum à cause des belles filles qui y sont en abondance, ou à cause que cette montagne fermée, fut baillée en dot à deux sœurs, Daneau l'appelle Agathopolis & d'autres, Agatha & Monspessulanus.

Cette Ville est fort fameuse, à cause de l'Vniuersité de Medecine qui y est, & qui a esté tousiours remplie de tres-habilles hommes depuis sa fondation qui fut l'an 1196. par le Roy des Isles de Maiorque & Minorque, & commença par les Arabes, mais selon Ranchin, elle est encore de beaucoup plus ancienne.

Cette Academie peut estre dite la Reyne des Academies, tant à cause de son antiquité, renommée, & lustre, que pour les illustres personnes qu'elle à produites, on y void des escoliers de toute l'Europe, & elle a esté honorée des Patentes des Papes & Roys de France, qui mesme le plus souuet n'ont voulu d'autres Medecins que de ceux qui sortoient de cette fameuse Vniuersité, comme on peut voir par le Liure de Mr. de Ranchin & par les harangues de Mr. Courtaud, contre les Medecins de l'Vniuersité de Paris, au fonds desquelles se voyet des vers, que ie rapporteray icy, tant parce qu'ils parlent du lustre de l'Vniuersité, que parce qu'ils comprennent vne Etymologie nouuelle du nom de Montpelier.

Agatha flores iudice medendi.

oppidum ponto gelido propinquum,
Cui nouum paruus titulum dedit mons,
Lanus & amnis.

Les hommes les plus illustres qui ont esté en cette Academie, & dont nous auons des ouurages, outre Auicenne, & Auerroës, qu'on croit y auoir professé la Medecine, sont, Arnaud de Villeneuue, Gordon, Guy de Cauliac, Fumée, Io. de Tornamira, Valescus de Taranta, Falco, Schiron, Fontanonus, Rondelet, Rabelais, Ioubert, Hucher de Belleual, Dortoman, Saporta, Dulaurens, Ranchin & Mr. Riuiere qui en est à present Professeur.

Quand aux inscriptions & autres antiquitez de Montpelier, il y en a fort peu, & encore estime-je qu'elles y ont esté transportées des Villes anciennes qui furent démolies à ses enuirons.

On void à la paroy qui est hors la porte de Lates au bord du fossé, cette inscription.

M. MARIVS O M.

Ce qui peut faire croire que *Caius Marius* a esté en ce pays du temps qu'il bastissoit Aiguesmortes, qui à cause de cela est nommée *Fossa Mariana*.

Au Theatre Anatomique, on void plusieurs antiquitez, à sçauoir, à l'entrée deux Lyons deuorans, l'vn vn homme, & l'autre vne femme, le tout de marbre blanc.

On y void aussi vne Chaire de Preteur de pareille estoffe, & vne statuë d'vn homme aueugle conduit par deux filles, qu'il est vray semblable estre Homere que ses filles conduisent, selon cette inscription fruste, Grecque qui paroist sur son pied d'Estal.

O M H.

Toutes ces pieces remarquables y furent mises par feu François de Ranchin, Chancelier au College de Medecine de Montpelier, qui estoit fort curieux des antiquitez.

On void en outre d'autres pieces antiques par la ville, à sçauoir des Aigles Romaines de marbre blanc prez le grand Temple & le Palais, & vn homme conduisant deux leuriers, à la ruë de l'argenterie il y a aussi quelques inscriptions antiques au Iardin de Monsieur Gariel Chanoine qui est homme sçauant, & fort curieux de l'antiquité.

Il y a aussi vn chemin dit de la mounede qui vient de *Via munita*, lequel mene vers Nismes, & on void sur ce chemin quelques antiquitez.

Prez de la porte dite le Pila sainct Giles estoit anciennement vn Cimetiere des Iuifs, ou se voyoit cette inscription Hebraïque sous vn Harpocrate.

Lescouchanethor.

On void aussi dans Montpelier au logis du tapis verd vn ancien pilier de marbre sur lequel y a quelques armoiries notables.

A vn Cimetiere hors la ville i'ay aussi remarqué vn tombeau esleué, tout couuert de fleurs de lis, que i'estime estre de quelqu'vn de la famille Royale de France.

Pour faire la closture de ces inscriptions antiques, ie n mettray icy vne trouuée depuis peu, fort auant dans vne montagne, qu'on coupa, à 6. lieuës de Geneue, pour faire vn nouueau canal.

Cæs. Imp. Traiano. Hadriano Aug. P. M. trib. pot. cós. III. P. P. Auenticum. I. xxxxI.

De Carcassonne.

Quoy que Grasalius, & Besse sur les memoires

de

e Bernard l'Eſtellat Chanoine ayent traitté de cette Ville au long, ie ne laiſſeray pas pourtant d'en parler, parce que i'eſpere de raporter en peu de paroles ce qui s'en peut dire de notable, & meſme quelques particularitez qui ne ſe trouuent pas dans leurs Liures.

Cette Ville s'appelloit anciennement Atax, prenant ce nom du fleuue, Atax, c'eſt à dire, Aude, qui ſelon Mela, l. 2. c. 5. paſſe au pied de la montagne Noro, qui eſt à 3. lieües de Carcaſſonne, du coſté d'Aquilon, & ſe rend prez de S. Amans, ce fleuue prend ſon nom de l'oiſeau Atax, qui a quatre pieds, & ſe trouuoit iadis le long d'iceluy, & le mont Noro, ſignifie en Hebrieu, poſé en lieu haut, ce nõ luy ayant eſté donné du temps de Samothes fils de Iaphet, qui vint en ce païs l'an 2093. auant Ieſus-Chriſt, comme a remarqué Louys Paſqual en la partie 1. de ſon Tableau des Gaules, & ayant habité quelque temps le long de ce fleuue, ſa Colonie, qui fut appellée, les Atacins, alla fonder le bourg Atax qui eſt Carcaſſonne, ou paſſe encore vne partie dudit fleuue d'Aude, dans le canal nouueau qui luy fut fait.

En apres, à ſçauoir 550. ans auant la fondation de Rome, ce bourg fut fermé de murailles de petite pierre quarrée, dont on void encore quelques reſtes.

Apres quoy (ſelon les archifs de Carcaſſonne) vne Colonie Troyene eſtant venüe en ces quartiers, elle s'habitua parmy les Atacins, & fit baſtir en faueur de ſon Roy, le Chaſteau qui y eſt encore à preſent, où elle fit l'Arcenal de ſes dards, dont il reſte encor grand nombre audit lieu, & pour

A a

lors cette Ville fut dite, Carcasso Anchisa, Et fut dédiée à Apollon.

D'autres donnent encore d'autres noms à Carcassonne, & d'autres Fondateurs, ce qui se peut tout accorder aisement, si on considere qu'vne Ville ancienne estant souuent augmentée ou rebastie, chāge de nom, & prend celuy de son Restaurateur. Ainsi, il peut estre vray qu'il a pris nom d'vn Colonel nōmé Carcas qui fut enuoyé par Assuerus auec quatre autres pour peupler le Languedoc, ces quatre ayans donné leurs noms à Narbonne, Agde, Besiers, & le vieux Montpelier, ce qui se trouue conforme à l'Escriture Saincte en l'Histoire d'Ester, & aux Archifs de ladite Ville.

D'autres le font venir d'vn Geant nommé Carcas, & d'autres d'vne Dame Sarrasine appellée de mesmes, qui est representée en pierre sur la porte dudit lieu, de laquelle Dame, il est parlé dans l'anciē Romā en vers, dit le Palais des Nobles Dames.

Et d'autres le font encore venir du mot Hebrieu, Carcan, c'est à dire, grace, ou present.

Elle fut enfin appellée, Gazagothorum, à cause que les Goths y apporterent toutes leurs richesses, pour la cōseruatiō desquelles, Alaric leur Roy, y sit bastir les hautes murailles de la Cité, & 60. grosses & fortes Tours, ētre lesquelles y en a vne plus grosse que les autres, où il mit les precieux meubles Mosaiques, richesses, Liures, & actes Hebrieux, tant sur le papier de coton que sur la toile, qu'il auoit apportez de Rome, & que les Romains auoiēt pris du Temple de Salomon, comme i'ay dit ailleurs, à cause dequoy cette Tour est dite encore, la Tour du Thresor; mais ce Thresor fut apres trāporté la pluſpart à Rauenne, & le reſte ietté dans vn puits qui reſte encore. On voit encore pourtāt parmy ſes Archifs, des actes, & Liures de raiſons Hebrieux, de ce Threſor eſt parlé dans Procope, Liure 3. de la guerre des Goths, & dans Ioſephe Liure 8.

Les choſes notables de cette Ville, ſont que Charlemagne y fit baſtir vne Egliſe Cathedrale & Philippe III. dit le Hardy, fils de S. Louys, fit fermer de murailles la Ville baſſe, l'an 1276.

Prés de Carcaſſonne fut donnée vne fameuſe bataille, de Luyba, Roy des Viſigoths, contre Gontran, & Aribert fils de Clotaire, en laquelle ſelon Roderic, Archeueſque de Toloſe, les François perdirent, 60. mille hommes, & Luyba demeura paiſible Roy de Gothie.

Apres quoy Charlemagne ayant eu pour partage l'Aquitaine, & Gothie, chaſſa les Goths de Carcaſſonne, & fonda pluſieurs Egliſes de ce pays, & entre autres, celle de S. Nazaire, & y eſtablit vn Siege Epiſcopal, en faiſant Eueſque, Roger, puis aſſiegea Narbonne, & fonda l'Abbaye de la Graſſe & erigea diuers Comtez, & entre autres, Torſin ſon parent pour Comte de Toloſe, & fit Narbonne Duché, luy ſouſmettant le Comité de Caſtres, & de Carcaſſonne, ſelon Chaſſanée, Liur. 5. conſid. 46. *de gloria mundi.*

De ce lieu eſtoit natif *Terrentius Varro*, fameux Poëte, & Philoſophe, *Gothofredus* qui a fait vn Liure, *de Amoribus*, & pluſieurs autres grands perſonnages.

Aa e

ROOLLE DES PRINCIPAVX CABINETS
curieux, & autres choses remarquables, qui se
voyent ez principales Villes de l'Europe.
Redigé par ordre Alphabetique.

Parce que la plus part de ceux qui voyagent
passent en diuerses Villes sans voir les raretez qui
y sont, pour auoir ignoré qu'elles y fussent, i'ay
dressé ce petit recueil en leur faueur.

Auignon.

LES Cabinets de Mr. Testacy, de Mr. de S. Remé, de Mr. Ribere ou Ribenc Medecin, de Mr. Henry le Beau, de Mr. Desanobis, du sieur Giles Barre Chirurgien Italien, & de Mr. Gonis Aduocat.

Angers. Le Secretaire de Mr. l'Euesque d'Angers, celuy de Mr. Chaudet l'Apotiquaire, de Mr. Ossan Aumosnier de Mr. d'Angers (qui est considerable principalement pour les Medailles) & celuy de Mr. Menard Prestre seculier, ou il y à beaucoup de tableaux, & Liures rares.

Agen. Mr Girardin Chanoine de l'Eglise Cathedrale, & celuy de l'Abbé de Flamarens & du Port saincte Marie.

Aix. Mr. Espagnety, Conseiller, celuy de Mr. Perier, Abbé de Guistres, & Conseiller, & celuy de Mr. Borilly duquel les principales raretez sont enoncées dans le Mercure François, parce qu'il fut visité par le Roy Louys XIII. en memoire de quoy il luy donna le Baudrier de son sacre.

Entre les rares choses qu'on void chez luy, il y a vn Cyclope, & vne pierre qui pese 50. liures qui tomba du Ciel, & brusla long-temps la terre, & les pierres de ses enuirons.

Arles. Mr. Agard Me. Apotiquaire.

Anduse. Mr. Iean, Me. Apotiquaire commence vn cabinet de curiositez.

Anuers. Les Sieurs Gaspar Geruatius, Iacobus Edelheer & François Gouban.

Alby. Mr. de Ludos Euesque d'Alby a beaucoup de tableaux & Liures tres-rares.

Le sieur Estienne Trapas, Chanoine de S. Saluy, à ramassé 300. tableaux exquis, 3000. Volumes la plusrpart rares, beaucoup de Manuscrits, Tailles douces curieuses, coquillage, medailles, reliefs antiques, &c. Mr. Couplet, Peintre de Mr. l'Euesque d'Alby.

Auch, en Gascogne. Mr. Bedou.

Arserac, en Bretagne. Mr. le Marquis d'Arserac.

Abbeuille. Mr. de Launay.

Amsterdam. Le magasin des Indes.

Autun. Mr. Thomas, Chantre & Chanoine en l'Eglise de S. Lazare, curieux de medailles.

Basle. Mr. Iselem, & le cabinet de feu Fœlix Platerus, docte Medecin.

Barcelone. Don Alphonso Perez, Professeur en Philosophie.

Bourdeaux. Le cabinet de feu Mr. Trichet Aduocat, celuy de Mr. le President Charron, pour les Liures, celuy de Mr. le President Daffis, des Chartreux, & du sieur Maugrain Marchand.

Bruxelles. Otto Zulius Iesuite.

Blois. Mr. Morlieres, Me. Orologeur. Le Iardin du Roy.

Besiers. Mr. le Iuge Garnier. Mr. de Cabraitoles, sieur de Villespassans, Iuge Criminel. Mr. Rousset Prieur, & Mr. Petit Ingenieur.

Beaumont de Lomagne, en Gascogne. Mr. Falese, Bourgeois.

Bergerac. Mr. Brun, Me. Apotiquaire

Bologne. Le cabinet de feu Vlysses Aldrouandus, Medecin.

Basas. monsieur Cosage, Gentil-homme.

Chaunes. Mr. le Duc de Chaunes.

Castelnaudarry. Mr. Pierre Iean Fabry, Medecin Chimique.

Cahors. Mr. Dominici. Mr. Baudus, Aduocat, iadis Conseiller au Presidial. Mr. Marselian Bourgeois.

Carcassonne. Mr. de Puechnautié: & Mr. Charmois, Secretaire de Mr. de Schöberg, qui à beaucoup de beaux tableaux originaux.

Castres. Mr. Me. Pierre de Fabry, Procureur General en la Chambre de l'Edict. Mr. Iean Alegre, Aduocat fort curieux de Liures, Carthes, Geographiques, miroirs, &c.

Les curieux verront aussi dans Castres vn excellent tableau du Titian sur le bois (appartenant à Mr. Me. Paul de Iuges, Conseiller du Roy en la Chambre de Castres) qui represente vne femme nuë qui se peigne, & vn Eunuque qui luy presente vn miroir. Et chez Mr. de la Gasquerie vne espée fort large d'acier de Damas, grauée l'an 320. de Iesus-Christ, c'est à dire depuis 1329. ans, suiuant cette inscription, qui se lit sur sa lame en lettres anciennes dorées.

Nec vis Herculea me terruit vnquam, dum Constantini magni firmarem Imperium. Theogonias, 320.

Et au reuers. *Vtrique nomen peperi, & Alexandro magno, & maximo Cæsari.*

Sous cette inscription y a vn escusson couronné party d'vn Eschiquier, & d'vne demie Aigle.

Il y a aussi des inscriptions sur la poignee, mais elles sont modernes, y ayans esté mises lors que le sieur de la Gasquerie, à qui elle appartient, luy fit faire ladite poignee.

Chartres. Mr. le Grand Archidiacre.

Clermont de Lodeue. Mr. d'Auilatieres, Bourgeois.

Craco, capitale de Pologne. Nobilis Georgius Oslenisky.

Delfe, en Holande. Mr. de la Riuiere, Ministre.

Sainct Denis. Le Thresor de S. Denis.

Dreux en Perche. Mr. Caillé, Chanoine de l'Eglise de S. Estienne qui est dans le Chasteau.

Dijon. Mr. Figean, Maistre des Comtes, & Mr. Boyer, Conseiller au Parlement, qui est curieux de Liures rares.

Einckeusen, en Holande. D. Paludanus, Chirurgien.

Florence. La Galerie du grand Duc.

Figeac. Mr. de Pradines, pour les Venins & Antidotes.

Geneue. Mr. le Baron de Seue. Mr. Petitot, Medecin. Mr. Fromen Horologeur. Mr. de Hersy Bourgeois. Mr. Riual, Orfeure. Legaré Orfeure. Mr. Rebour, Bourgeois. Estienne Pelet, Sculpteur, & la Piemante dit Pournas.

Grenoble. Monsieur Scarron Euesque de Grenoble, & M. L'Aigneau.

Huesca en Espagne. Dom Vincentio Iuan de l'Astanosa Segnor de Figaruelas.

Leyden. Le Theatre anatomique.

Limoges. Mr. Croisle curieux de plâtes & fleurs rares, & Mr. Lafon Medecin.

Lisbone en Portugal. Le magasin des Indes.

Lyon. Mr. de Lierges Lieutenant Criminel Braguete Operateur Italien, Mr. Pontus Bourgeois, Mr. Gras Medecin, Mr. le Beau Mathematicien, Mr. l'Aduocat du Roy, & Mr. le Conseruateur.

Londres Capitale d'Angleterre. Monsieur le Duc de Bouckingan, Iean Tredesquin, à la maison des Oyseaux.

Lauaur. Monsieur l'Euesque de Lauaur.

En Lithuanie. Le Duc Ratziuil.

Montpelier. Le Cabinet de feu Mr. François d Ranchin, Chancelier de l'Vniuersité, & celuy de feu Laurens Catelan Apotiquaire, le premier pour les antiquitez, & le second pour les choses naturelles, le Cabinet de feu Mr. de Teillan Conseiller, pour les medailles & Statues, celuy des Iesuistes, celuy de Mr. Gardel Notaire, pour les medailles &c. & celuy de Mr. Maigret Bourgeois, pour les medail. poissons & coquillage, & le Iardin du Roy.

Marseille. Mr. Cormier Aduocat, & Mr. Vias Bourgeois.

Montauban. Mr. Thomas pour les Liures, & Mr. Pierre de Iehan, pour les raretez & plantes.

Mantoüé. Le Duc de Mantoüé.

Mont Marsan en Gascogne. Mr. Dulamont Maistre Chirurgien.

Mende,

Mende. Mr. de la Grange Gentil-homme.
Moissac. Mr. Iean Chambert Chanoine de S. Ierre.
Naples. Mr. Ferrante Imperato Medecin.
Narbone. Mr. Graindorge Medecin qui a acheté celuy de feu Mr. Leonard Aduocat, Mr. le Baron de Fabresat qui a acheté celuy de Mr. Garrigues. Madame de Sorgues, le tableau du Lazare qui est dans vne Eglise.
Nantes. Mr. Guillemin Maistre Apotiquaire.
Nuremberg. Hanfinoff. Patritius.
Nismes. Le Cabinet de feu Mr. Paladan, Mr. Caluiere, Mr. Tournier, Mr. Catlagne, Conseiller au Presidial, qui a celuy de feu Charles Catlagne Medecin, Mr. Guiranaufil Conseiller, il y a aussi vn Amphitheatre à Nismes, & autres antiquitez.
Nancy. Mr. Rignol Bourgeois, curieux des miroirs & perspectiues.
Ochsford. Le Cabinet public.
Orleans. Mr. Tardif Chanoine de saincte Croix.
Pau en Bearn. Mr. de Luslan Medecin.
Paris. Le Cabinet du Roy, celuy de Mr. le Duc d'Orleans, la salle des antiques, celuy de Mr. Gau pour les antiquitez, celuy de Mr. de la Brillere & du sieur Gabarry pour la peinture, celuy de feu Mr. du Moustier, de Mr. Petau Conseiller, de feu Mr. Pré de Segle, de Mr. Robin Chirurgien, & de Mr. Conard pour les coquilles & fleurs, des trois Messieurs de Morin, de Mr. du Val Medecin, de Mr. Bachelier pour les plantes, de Mr. Nicolai pour les papillons, de l'Abbé de sainct Ambroise, de Mr. Nodin Chirurgien, de Mr. Pescher, de Mr. Nodin Apotiquaire, de Loiselier Magnin, de Tribou, du

Bb

petit Patiſſier vis à vis de S. Germain, de l'Abbé Lumagne pour la peinture, de Mr. Henry Brodeur & valet de chambre du Roy, de Mr. Mouſſeau Preſident au grenier à ſel, de Mr. de Liancourt pour la peinture, de Maiſtre Eſtienne Sculpteur Genevois logé au fauxbourg ſainct Germain, de Mr. d Villiers Marchãd de la rue S. Denis, de Mr. de Bretouilliers & de Mr. Feydeau Chanoine de N. Dame

Peſenas. Mr. Bournier Medecin.

S. Priuas pres de Niſmes. Le Cabinet & machines, de feu Mr. de S. Priuas.

Poitiers. Mr. Conſtant Maiſtre Apotiquaire curieux des plantes, & ſerpens, Mr. Raſſou Medecin

Plermel en Bretagne. Le Lieutenant du Roy.

Piſe. Le Magaſin de la Ville ou il y a vn tronc d'Xilaloé peſant cent liures.

A Pamiers. Mr. de Clauerie Aduocat, curieux des fleurs rares.

Rome. Le Vatican, le Cabinet de Marquiſe Iuſtiniano, de Franc. Angelanus, & du Prince iLudouiſio

Rhodez. Mr. l'Eueſque de Rhodez, & Mr. Veiriere Lieutenant criminel curieux de Liures.

La Rochelle. Mr. Flanc Miniſtre, Mr. Hamelot Medecin, & Madame Moriceau curieuſe de coquillage.

Rouillac. Mr. le Marquis de Rouillac, curieux de papillons, &c.

Saumur. Mr. Liger, Maiſtre Apotiquaire. Mr. le Clerc, & Mr. d'Huſſeau Miniſtre.

Sarragoſſe. L'illuſtre Sieur Dom Franciſco Ximenes de Vrreca, Chatelain du Roy d'Eſpagne, & Cronologique d'Aragon.

Seles, en Berry. Mr. de Bethune.

Saiese, près de Castres. Mr. Bouery, Camerier de Sorese.

Sauinhac, en Roüergue. Madame de Sauinhac.

S. Brieu, en Bretagne. Mr. de Beauchamp.

Sgneguien, en Pologne. Mr. l'Arch. Desgneguien.

Tours. Mr. Aubin. Mr. Girard, Escuyer. Mr. de Vilers, Conseiller au presidial, curieux de plates, & de fleurs, & Mr. Buysard Bourgeois.

Troyes, en Champagne. Mr. Bonhomme Chanoine.

Tolose. Mr. Me. N. de Puimisson, Conseiller, curieux de medailles, & tableaux. Le cabinet de François Filhol, Hebdomadier de l'Eglise Sainct Estienne. Mr. Clemens, Chanoine de S. Estienne, curieux des fleurs. Mr. Catel Official. Mr. Paucy, Conseiller. Mr. de S. Ipoly, pour les esmaux anciens. Mr. Roc. Le cabinet de feu Domairon, Cordelier. La Bibliotheque enchaisnée des Cordeliers. Mr. de la Bougade, Chanoine. Mr. Dirat, Sacristain de S. Estienne. Mr. Charles Pradié. Mr. Boutonnier. Mr. de Fresals, Conseiller Clerc. Mr. du May. Mr. de la Combe, Audiencier à la grand Chambre, & Mr. Nicolas Choisy, marchand.

Targos, en Catalogne. L'Hermite de Targos.

Venise. Il Venermino. Le Thresor de S. Marc.

Verone. Mr. Pena, Me. Apotiquaire. Calceolarius aussi Apotiquaire.

Valence en Espagne. Mr. Ribaldo peintre.

Vane en Bretagne. Le Baron du vieux Chastel.

Villefranche de Roüergue. Mr. Durand, curieux de medailles.

Xaintes. Mr. Samuël Veiret, Me. Apotiquaire, & Mr. Ruuion.

Bb 2

Catalogue des choses rares qui sont dans le Cabinet de Maistre Pierre Borel Medecin de Castres au haut Languedoc.

Edition 2. augmentée de beaucoup.

Inscription qui est sur la porte du susdit Cabinet s'adressant aux curieux.

Siste gradum (curiose) hic enim orbem in domo, imò in Musao, id est microcosmum seu rerum omnium rariorum Compendium cernes, in eo stans regiones omnes momento lustrare poteris, cameterium forsan vocabis, cum multa cadauera contineat, sed dic potius campos Elisæos, vbi mortua felici tranquillitate fruentia reminiscunt vel licita necromantia resurgunt, vel dic Herculis trophæa hic iacere, cum serpentum exuuias, ossaque gigantum videas, hic tibi Dei & naturæ opera lubenter demonstrantur, hic multa quæ ars affabre finxit tam liberalis & mechanica quam chimica, hic res suas exoticas America, & sua monstra tibi pandit Africa, ass. hic ferocitatem deposuerunt, videbis enim sine noxa basiliscos serpentes, dracones, remoras, lamias, & gigantes, hic mare tibi pisces suos rariores, aer aues, ignis opera, terra mineralia offerunt, hic fructus peregrinos multos cernes quos inconstantia maris furto laudabili è partibus ignotis orbis, constantes reddidit, & ex ignotis notos, hic viscera terræ & aquæ pandantur, Vniones & adamantes in matricibus suis tibi offeruntur, his tandem rara multa antiquitatis monumenta

quæ nec Iouis ira, nec ignes,
Nec potuit ferrum neque edax abolere vetustas.

Hæc omnia paruo in loco continentur, & sine chao pisces aerem habitant & inimici iunguntur, hæc omnia, vt

& quæ sequenti continentur catalogo, videbit curiosus qui huc accedere dignabitur.

Grandiaque effossis, mirabitur ossa sepulchris.
Prouerbes chap. 24. vers. 4.
Par science les Cabinets seront remplis de toute cheuance pretieuse & delectable.

Raretez de l'Homme.

L'Omoplate ou os de l'espaule d'vn Geant pesant trente cinq liures, & ayant quatre pams de haut & sept de large. Vn monstre à 2. testes. Deux dents de geant grosses comme la moitié du poing. Des pieces de Mumie ou corps embaumez des Egiptiens. La pierre de grauelle. La peau, Crespine, ou coeffe qui enuelope les enfans dans le ventre.

Des bestes à quatre pieds.

Vn Crocodille long de neuf pieds Vn grand Lezard des Indes, long de quatre pieds. Vne belle Tortuë de Catalogne. Vn chat à deux testes. Vne grande corne noire, ridée, & vn peu courbée, longue de quatre pams, que les vns disent estre du Pacos, animal qui porte le besoard, les autres de gaselle, & les autres de licorne Ethiopique. Le Crane d'vne beste incogneuë, ayant les sutures esleuées en forme de creste. Deux autres sortes de Tortuës. Vne hermine. Vne corne d'agneau d'Ethiopie. Vne corne de Chamois. Vne piece de vraye corne de Licorne. Dents de Licornes minerales. L'os du cœur du Cerf. Des pierres de Besoard. Du Castoreum. Du pied d'Elent. De grandes dents de Sanglier. Des espines de Porc espi, entre lesquelles y en a de fort longues & vne de triangulaire. De corne de Rhinocerot.

Des Oyseaux.

Vn Phœnicoptere, ou Flamand, oyseau rare, haut de neuf pams, & qui a le plumage de couleur de feu. Le bois ou s'engendrent les Oyes d'Escosse, qui naissent de la pourriture des nauires, l'aisle & le bec d'vn de ces oyseaux. Le bec de l'oyseau poche ou cueiller. Le bec de la Cigogne, & de l'oyseau de Paradis, de la Gruë, & du Phœnicoptere qui est fort gros, & fait en crochet. Les griffes d'vn Duc Royal, & d'vn Aigle. Vn crane de poule monstrueux. Vn œuf d'Austruche. Vne peau de Vautour. De plumes de plusieurs oyseaux rares des Indes, comme poules de Guinée, & autres. Vne piece du nid des Halcions. Trois fort grandes ongles d'oyseaux rares.

Des Poissons, & Zoophites de mer.

L'espée de mer, ou bec du poisson Empereur, dit, Xiphias, ayant quatre pams de long. La scie de mer longue de trois pams. Le Zigæna, Libella, Balista, Marteau de mer, ou poisson Iuif. La queuë du Renard de mer, ou Rainard, longue de 7. pams. Vn veau Marin. La teste d'vn Dauphin. La coquille, & teste d'vne Tortüe de l'Isle saincte Helene, ayant quatre pams de long, & 3. de large.

Vn porc de mer, dit Capriscus. Autre porc de mer, dit, Centrina, ou Humanthin. La Torpille poisson rare qui engourdit la main du pescheur. La Remore qui arreste les nauires. Le Lieure de mer. Le Chat de mer.

Le Rat de mer. Le Coq de mer ou Charpentier, poisson duquel les os representent tous les instrumens d'vn Charpentier. Vne piece de la peau de la Balene. La peau du Chien marin. Vne coste de Balene. Vne plume ou membre viril de mer. Vn Concombre de mer. Vn Homar ou grande Escreuice marine, ayant chaque pate plus grosse que les deux poings. Vne Langouste de mer. Vn Malermat ou poisson du vent dit ainsi, parce qu'il se tourne tousiours du costé qu'il fait vent, mesmes estant mort. Vne petite Cigale de mer. Autre Cigale de mer dite, Nympha ou tettix. Vn Scorpion de mer. Vn cœur de mer dit Brislus ou spatagus. Vn os de l'espine d'vn Dauphin. Vn Diable de mer ou Galanga. vne ongle de Chauuesouris de mer. Trois sortes d'esponges naissantes ou en fleur. Plusieurs Estoiles de mer petites & differentes. vne fort grande Estoile de mer. Autre dite Soleil de mer. Diuers Herissons de mer grands & petits, auec espines & sans espines. Trois espines longues comme le doigt d'vn poisson rond fort rare apporté de la terre saincte. vne Grenade de mer. Des Hermites de mer de diuerses sortes. vne dent de Lamie blanche comme Iuoire, & toute dentelée à l'entour. des stincs ou Crocodilles terrestres. Deux dents d'vn grand Cheual marin grosses comme le bras & longues presque d'vn pam. Vne bague de mesme matiere. Diuers Cancres grans & petits. De grandes dents de poissons de riuiere. Deux trompettes ou aiguilles de mer differentes. Du sperme de Balene. Diuers Hippocampes ou petits cheuaux marins entiers. Des Couteaux de mer. vne machoire de poisson, à plusieurs rangs de dents mousses. Vn poisson appellé vne Damoiselle de mer. Petits poissons, dits, Croix de mer, qui semblent de pierrettes rondes grises, ayans comme vne estoile par dessus, & vn pertuis par dessous.

Coquillage.

Deux meres Perles, ou Nacres de la mer Mediaterranee, dont l'vne contient plusieurs perles qu'on void en leur matrice. La mere perles de la Mer Oceane.

Deux coquilles dites Conchæ cælatæ, qui ont par tout l'esclat des perles Orientales. Autres brutes, c'est à dire sans polir. vn gros Limaçon perlé, & representant toutes couleurs. vn gros limaçon tacheté de noir comme jayet, & le reste estãt de couleur de vraye perle. vn autre assez gros tout tacheté de verd & de couleur de perle, & vn autre de mesme grosseur qui est de couleur de perle, & a deux rangs de taches vertes qui semblent des Esmeraudes, & vn cercle de couleur de lait en ligne spirale. Autre gros perlé ayant vne ceinture noire aussi en ligne spirale. Deux autres petits, dont les taches noires sont si bien rangées qu'vn Geometre n'y sçauroit obseruer de plus belles proportions. vne belle coquille assez plate & longuette retirant au genre des chamas qui est encor plus esclatante & rare que toutes les precedentes, n'y ayant point de pierre pretieuse qui soit si belle, ny de couleur qu'elle ne represente. Concha vmbilicata, grande coquille qui finit en forme de nombril. Conchilium grande coquille rare. Concha cylindroides, coquille faite en forme de cylindre, & qui naturellement est tres bien tabisée. Concha imbricata, grosse coquille qui semble vn toit, estãt comme couuerte de tuiles rengez l'vn sur l'autre. Diuers buccinums grands & petits ou coquilles des Tritons de plusieurs especes. Porcelaines ou Conchæ venereæ de diuerses sortes grandes & petites

petites marquetées, & entr'autres vne tachetée comme de picote, vne autre grife, & vne finiſſant en limaçon, autres fort agreablement tachetées, & autres de fort blanches, approchant cette coquille à l'oreille on entend le bruit de la mer. vne fort grande & belle Porcelaine feruant de gondole, & vne autre mediocre tres-rare, & couuerte naturellement de Characteres Hebrieux, Syriaques, Grecs, Latins, & de toutes autres langues. Pinna biſſifera, grande coquille nacrée, & rouge dedans comme ſang, longue de trois pans, & large d'vn. Vn peu de la ſoye de mer, qu'elle porte. Petits pinnas de meſme forme. vn gros Limaçon long blanc ayant de lignes rouges & noires. Deux oreilles de mer, coquilles qui ont la couleur des perles, & reſſemblent aux oreilles humaines, & meſmes ſont pertuiſées naturellement. vne coquille dite remore, ou vray nautile ayant la figure d'vne Galere. vne coquille petite blanche enuironnée de boſſetes. Autres dites Tigres de mer, tachetées de points noirs & roux bien rangez. Autres dites rats de mer. coquilles dites couteaux de mer. Diuerſes coquilles rares ſans nom, coquilles dites Entali & dentali, qui ſont la logete de certains vers, les vnes ſemblent de petites cornes, & les autres de trompettes. Chamæ ſorte de coquilles. Pectoncles grands & petits, & pluſieurs autres petites coquilles tres-rares. Autres petites de toutes couleurs & marbreure, & meſmes de tranſparentes. Turbines ou ſabots de mer diuers. Murex marmoreus ou pourpre, c'eſt vne groſſe coquille peſant neuf liures qui reſſemble dedans à du marbre blanc. Deux Murices triangulaires, ou autre eſpece de pourpre

Cc

rougeâtre dedans, & couuert de grosses & longues pointes. Plusieurs petits pourpres aussi couuert de pointes tres aiguës. Toutes coquilles communes de mer & de riuiere, comme moules, huistres, &c. Coquilles tres petites de plusieurs façons, dites à Agde du Babotum. Coquilles dans les cauitez d'vn roc qui n'en peuuët plus sortir, s'y estans augmentées en grandeur. Autres enchassées dans la pierre. Autres petrifiées. Coquilles, dites, pantheres à cause de leurs taches rousses. Lepades ou œils de bouc, qui sont des coquilles faites comme vne tertine. Deux coquilles ayans vn bec crochu, & fort polies dedans. Des coquilles armées d'espines ou deffentes. Limaçons de mer de toutes sortes, & de blancs comme neige, de fort longs, & de tachetez en tres bel ordre. Coutoyes de Bourdeaux. Coquilles striées, rugosæ, & d'autres eslabourées naturellement, & ouuragées de diuerses sortes. Rochers de coquilles naturels Limaçons ayans vn trou profond en vis comme vn nombril. Limaçon, dit Pentedactilos. Turbines auriti. Concha longa. Concha echinata. Tellines ridées, vne oublie de mer, vne coquille dont les taches font la figure d'vne fleur de Lys, & vne boiste de petit coquillage rangé en forme de fleurs & autres figures.

Autres choses marines.

Plusieurs sortes de féves de mer, ce sont les portes de certains limaçons, & mesme i'en ay dans leur matrice. Pila marina ou paume de mer. Bourses ou matrices de mer, rousses & noires. Rose ou œillet de mer. Vnguis odoratus, coquille de la mer rouge. Corallines diuerses. Tous Coraux. Soyé de mer. Ambres diuers. Bechuts. Mousses marines. Raisins de mer. Ossements de Sepia.

Insectes & serpens.

Vn serpent des Indes marin, Vn Dragon ou serpent volant escailleux, long de quatre pieds. Vne piece de la peau d'vn serpent qui estoit long de quatre canes & gros comme vn homme. Vn Basilic. Deux ongles & la dent d'vn Dragon, du sang du Dragon. Plusieurs raretez touchant les insectes, Papillons rares, limaçons terrestres, & autres choses. Stercus lacerti qui sert de fard. Deux Salemandres. La despouille des serpens, & du crapaut. Plusieurs Cerf-volans, l'insecte licorne.

Des plantes, & premierement des bois & racines.

Vne petite cane ou ionc d'Inde. De la cane qui porte le Sucre. Vn Guy de chesne tout entier auquel on void le bois du chesne qui s'y tient. Du Iouca racine dont les Indiens font le pain. De l'ebene en tronc. La rose de Hierico. Le vray Cassia lignea ou cinamome des anciens. Le vray bois d'Aloës. La terra merita. Deux racines, se perçans & trauersans naturellement. De toutes sortes d'autres bois & racines qui sont au rang des drogues, comme guayac, sarsa pareille, costus, imperatoire, angelique contraierua, zedoaria, gingembre, &c. Du bois de la Chine tout damasquiné naturellement. Des sandaux. Du bois Nephritique, qui mis dans l'eau, la rend de toutes couleurs. Vne racine marine noire semblant vne grosse chenille qui a plusieurs pieds.

Des fueilles.

Trois mille plantes en herbier sec, & rengées par ordre alphabetique, & en outre. Le Fungus Mellatus plant animal, fait en forme d'estoile, & reluisant la nuict, duquel i'en ay plusieurs. Le matago herbe des sorciers. Le cedre du liban. Toutes les lunaires. La fueille & fleur de cane d'Inde & palmier. L'Herbe diuine ou thea, qui infusée dans du vin, & donnée à boire, fait qu'on se passe longtemps de dormir sans incommodité.

Des fleurs.

La fleur de jacea pinea qui semble vne pigne. La fleur de la passion. La fleur de Mascade. Les fleurs Eternelles, ou stechas citrin.

Des gommes & liqueurs.

Toutes gommes des boutiques, & entr'autres celles de Gaiac, gomme laquebdellium, mirrhe, storax, benioin, euphorbe, &c. Le vray baume.

Des semences ou graines.

Toutes semences des boutiques, & en outre, la graine de fougere. Bamia moscata, qui est faite comme la semence de mandragore, & qui sent fort bien l'ambre si on la masche. La graine de l'herbe porte soye. Le vray persil de Macedoine. La graine qui déferre les cheuaux, qui luy passent dessus. La graine de storax. Le bled des Indes. La graine de cane d'Inde. Le grand Milium solis, nômé lachryma Iobi. Les lupins en leurs gousses. La graine de jacea pinea, aromatica & autres rares.

Des Fruits rares.

Vn fruit des Indes tout noir, fort dur & espais ayant l'ouuerture & la forme d'un sabot, de la grosseur de la teste. Vn autre fruit des indes de mesme grosseur mais moins espais, ayant vne grãde ouuerture comme vn bonet, & enuironné de signes, & lettres ou figures roussastres qui semblēt des Characteres Chinois. Le Caballena ou Melon des Indes. Vne grande Feve des Indes auec la gousse & des grains separez d'icelle. Les pois des Indes de mesme grosseur, aussi auec la gousse. trois noix des Indes ou cocos qui sert à tous vsages : elles sont fort grosses, l'vne comme la teste, & est auec son escorce : l'autre est tirée de l'escorce, & la troisiesme est mise au tour & sert de bouteille. Des chataignes de mer de diuerses especes. La chataigne de Canada. Le fruit qui porte le cotō. Beaucoup de saligots ou tribules de mer, qui sont noirs & couuerts de pointes. Le sausel ou noisettes des Indes. Vn fruit de Turquie appellé Caphet ou Fagara. De pisum cordatum ou pois des Indes tous noirs, ayans chacun sur soy vn cœur blanc. La noix muscate enuironnée de son macis. Les noix muscates masles ou longues. Autre fruit ressemblant fort à vne noix muscate. Le cocos de maldiue. Le Carpobalsamum ou fruit du baume. Plusieurs fruits incognus de diuerses especes. Le fruit du Palma pinus, ou pigne des Indes. Deux acaious qui sont de fruits qui semblent de rognōs. Des pignons des Indes. De fort gros gerofle. De fascois des Indes, de figues d'Inde. La pomme de Mandragore. La semence de Guanabanus. Vne grande quantité de petits fruits diuers & estrangers, enfilés ensemble. Vn fruit rare long de couleur de bois. Autre fruit rare de couleur de chastagne, plat, longuet & ouale. Autre qui retire aussi à la chastagne. Autre ayant dessus comme vn cachet en forme de croissant. Autre en forme de figue, mais ayant vne escorce fort fibreuse &

espaisse, & dedans vn noyeau comme vn pignon d'Inde. Autre fruit estranger vestu d'vn herisson tres-dur, & ayant vn noyau dur comme vn caillou, & blanc dedans comme neige.

Autres fruits & semences.

Les pois de la chine de toute grosseur. Le poiure long, blanc, noir, & de guinée en sa gousse. Courge couuerte de verrues. Millets rares, blanc, noir & autres. Vuæ amomi. Iuiubes. Gousses de l'arbre de Iudas. Les carrouges. Les oranges des Indes. Les palmites. La coloquinte. Tous les cardamomes. Baccæ orientales. La casse entiere. Les pistaches, noix vomiques, noix metelles, behen, sebestes, anacardes, cubebes, tamarindes, &c.

Des mineraux & premierement des pierres.

Vn beau chandelier de Cristal pesant six liures. Deux chaines d'Agates, jaspes, & cassidoines. Le rocher des vrais Diamants, ou il y en a d'attaches. Le rocher des diamans d'Alançon, & autres faux. De grosses Turquoises de vieille & nouuelle roche en forme de dents. Diuers cristaux polis, sans polir, & autres attachez a leurs matrices, taillés a facetes naturellement. Du Iaspe de toutes couleurs. De Marbre de toutes couleurs en boules. Marbre brut. Du Porphire. Des Saphirs. Des Esmeraudes. Des Hiacinthes. Des Grenats. Des Cassidoines. Des Agates. La pierre serpentine. Des Oniches. Des Sardoines. Vne pierre ou on void deux yeux semblables naturellement auec leurs prunelles. Autre ou on void vn paisage remply d'Arbres. Autre ou on void vn beau rosier. Autre ou on void vn cœur jaune. Autre ou on

void comme vn serpent entortillé. Trois Crapaudines, dont l'vne est dans le roc qui est sa matrice, bien qu'on croye qu'elles vienent de la teste d'vn crapaut. De Topasses. Beaucoup de Lapislazulis. Beaucoup de Cornalines. Pierres de picote. Pierres d'esponges. Pierres de graueles. Des aymants comuns. L'aimant blanc, qui est fort rare. Deux pierres à estoiles, ou astroites, qui se remuent dans le vinaigre sans qu'on les touche. Des pierres d'Arondelles. De pierres iudaiques en forme d'oliues. De pierres de linx en forme de cone. Deux pierres d'Aigles diuerses, & qui resonent quand on les secoüe. Deux pierres de tonerre. Cinq langues de Malte diuerses, ou pierres ressemblans a des langues. La pierre d'œil. Les pierres d'Escreuices & cancres. Deux pierres de saincte croix d'Espagne. Pierre de loup de mer. La pierre de Balagate, de sang & de lait, enchassée en argent. De lemery. L'amiantos ou lin incombustible. Le coral blanc, rouge, noir, & bastard. Trois arbres entiers de coral naissant. De fort grandes congelations d'eau. De petites de diuerses sortes, de branchues & pertuisees. Vn pomeau d'espee antique de jaspe fort beau, tiré d'vn sepulchre. La pierre dite perigueux. La pierre de colique ou de maigre. La pierre d'Armenie. Des pierres de touche. Vn Camaieu graué d'vne Diane qui chasse vn Cerf. Du Iaiet brut. La pierre hæmatite. La pierre sanguine. La pierre Thraciene. La pierre Stalactite.
La pierre plombine. La pierre du Talc. La pierre Hammonite. La pierre Entrochos. Le Priapolithos. L'histerapetra. L'enosteos. De belles

pierres artificielles, luisantes & de diuerses couleurs formees par la force du feu.

Choses changees en pierre.

Du pain petrifié. Des os & Dents humaines. Vne pierre ou on void naturellement vne femme debout en bosse. Autre ou on void des arbaste representés. Des pignons petrifiez auec coque & sans coque. Des œufs d'oiseau, & oliues. Vne amande petrifiée auec coque & sans coque. Du bois & branches petrifiees. Des fueilles changees en pierre. De la Vesse. Des pois. Des lentilles. Vn œil de Serpent petrifié. Des langues de Serpent, ou becs de Cane apierris. Des racines d'herbes petrifiees. Des Capillaires & cipres petrifié. Vne esponge petrifiée. Du crane humain petrifié. Vne plante d'Hepatique apierrie.

Diuerses coquilles de mer, changées en pierre, iointes & separées, des tellines & des moules. Vne figue petrifiée. De la mousse changée en pierre. Vn potiron petrifié. Vn morceau de serpent petrifié. Des cloux couuerts de pierre. Diuerses sortes de limaçons, plats, ronds, longs, & marins noirs, & blancs petrifiez, de diuerses sortes. Des escorces de melon changées en pierre. Des membres virils auec les testicules, & des matrices de femmes changées en pierre. Vne escorce de citron changée en pierre. Vn rognon petrifié. Vne dent de Dragon de pierre. Vn rouleau de pierre. Des dragées petrifiees. Diuerses congelations rares, & de la caue goutiere de Tours. Autres choses apierries, comme vn testicule de cheual, du miel en rayon, du lard, ou le maigre, le gras & le rance paroissent fort bien, & vn fromage.

Es

& autres choses. Vn gland changé en Marcassite. Plusieurs limaçons diuers, changez en mine de fer.

Autres mineraux.

De toutes sortes de mineraux des boutiques, &c.

Du Sel de montagne de Cardone, blanc & rouge. De Sel gemme. Sel armoniac. De la mine de l'or. De l'argent. Du cuiure. De l'estain. Du plomb. Du fer, & acier, en ayant vne pierre en forme de corne de licorne. Des marcassites. D'estain de glace. Mineral qui s'enuolle à escailles luisantes fort aisement. De l'ambre jaune remply naturellement d'insectes. De terre sigillée auec le cachet du grand Turc, & d'autre sans sceau. Du sauon naturel. Toutes sortes de talcs & alums, comme alum de plume, &c. Toutes couleurs & terres minerales.

Des antiquitez.

Vne vrne grande & vne moyenne de terre, vne petite de verre. Des couuercles & autres pieces de petites vrnes de terre sigillée auec des inscriptiõs & des os qui estoient dans les vrnes. Vn vase ancien Des sacrifices qui est de marbre grisastre fait en forme d'hydre. Vne lampe sepulcrale des anciens. De la mesche inextinguible, ou lin incombustible, auec lequel on separoit les cendres des morts de celles du bois, & duquel on faisoit du linge qui se lauoit dans le feu. deux lacrymoirs antiques differents. Vn dieu penates. Vn petit dieu des Egyptiens fort antique. Vne belle statuë tres antique du dieu mercure, ayant des aisles au bonet, & tenant vne bource ou teste de quel-

Dd

que animal. Vn vase ancien, ou vrne de bronse ou metal de Corinthe, (resonnant comme vn cloche si on le frape) auec des inscriptions inconnuës à l'entour incrustées d'argent. Vn excellent relief ancien de bronze representant la chasse du taureau. Autre sur l'iuoire representant le siege d'vne ville. Vn caillou fort dur escrit en bosse, antique, & tiré d'vn sepulchre. Du paué à la mosaique du temple de Diane. Les pierres blanche & noire, dont on iettoit le sort anciennement. Diuers liures, manuscrits (du temps qu'on ne sçauoit imprimer.) Et entre autres vne bible en parchemin. Grande quantité de medaillōs & medailles antiques, d'argent, de bronze & plomb, romaines, grecques, gotiques & hebraiques, toute dans leurs armoires & chasses. De medailles ou figures sur l'esmail & la nacre. Beaucoup de monoyes de diuerses nations. Beaucoup de graueures antiques, toutes dans leurs estuis. 450. rares tailles douces tant antiques que modernes des meilleurs autheurs, comme Michelange, Raphaël, Lucas, & albert, mises dans vn fort grand liure. Des fleches antiques. Des cottes de maille. Lances, bouclier, Chausetrapes, flasques, decorne de busfle, masses d'armes ayans de petits moulins dans le manche, & autres armes du temps passé.

Choses artificielles.

Deux chefs d'œuures de tournerie, l'vn de douze gobelets, espais seulement comme du papier l'autre est de tous les vtensiles d'vne maison dans vne boete. Vn panier tres-bien eslabouré, fait auec vn os de cerise. vn cueiller de la chine & du papier, toile, & cartes le tout de soye du mesm pays. Vne coupe de bois de lierre qui separe le vin de l'eau. Vne riche & grande taſſe de porcelaine tres-fine. De beaux ouurages de decoupure ſur du parchemin & papier. Vn liure rare, qui fueilleté par ſix diuerſes fois ſe trouue touſiours diuers, faiſant tantoſt tous ſes fueillets blancs, tantoſt noirs, puis eſcripts, puis peints & en fin remplis de cartables, & puis de muſique. La clef d'Archimede. Vn fort beau chaſteau de carton peint. Vne porte s'ouurant de tous coſtez, & vne autre inuention dependant de celle-la. Vne pierre qui fournit d'ancre pour vn grand nombre d'annees. Vn papier ſur lequel ayant eſcript, on le peut effacer & y reſcrire toute ſa vie auec de l'ancre, ſans l'vſer. Deux eaux tres-claires qui meſlees produiſent de l'ancre en vn clin d'œil. Vn rare & beau coffret d'Iuoire percé à iour, & cloué d'argent, & vn autre fort-bien trauaillé. Vn miroir concaue d'acier, qui bruſle le bois, fond le plomb au ſoleil, renuerſe les obiets, porte fort loin la lumiere, & fait le viſage tres gros. Vn miroir conuexe, dans lequel on ſe void tout debout, & y voit tout ce qui eſt dans le cabinet. vn miroir tout rond comme vn eboule. Vn petit miroir ardent, & qui groſſit les obiets. Vn miroir cylindrique d'acier alongeant fort le viſage, & pluſieurs perſpectiues qui ſi raportent.

De lunettes à la puce, ou microſcopes qui groſſiſſent fort les obiets. De lunettes de multiplication, & pour aprocher les obiets. Vn triangle de verre pour voir l'Arc-en-ciel.

Deux ſtatues d'albaſtre & vne de cire fort bien faite, qui crie & remue les yeux. Vne Bouſſole. Du mercure fixe ou pierre qui engloutit l'argent vif qu'on luy presente. Vn arc des sauuages, & la flesche. Vn plat d'escorce de cocos. vn gobelet de la chine de certain jonc tres artistement agencé & verni dedans de couleur d'or. Deux choses liquides & froides, qui meslées excitent en vn instant vne fort grande chaleur. De l'or potable. De l'escriture & papier de la Chine & Armenie. Des paniers de fruits, tres-bien imitez des naturels, tant en verre qu'autres matieres. Vn thermometre. Plusieurs autres sortes d'instruments de musique, comme vn lut d'iuoire, vne harpe &c. Diuerse poterie d'Italie rare en forme de bassins, plats, pignes, coqs, dauphins & vases. Vn tres-beau plat de fayence ou est representée l'histoire d'Andromede. Vn vase de Cassidoine. Vne boule jaspée fort grosse. Deux figures en taille douce à trois faces où on void trois choses diuerses en vn mesme portraict selon qu'on se situe.

Autre representant vn archer qui vous vise droit de quel costé qu'on se mette. Autre ou on void quatre hommes bien qu'il n'y en aye que deux. Deux globes, qui ont quatre pams ou enuiron. de Diametre, & deux autres tres petits; deux grosses boules de verre jaspé. Vn chenet qui s'ouure par lettres, & autres telles inuentions gentiles. Vn verre qui s'alonge. Vne perspectiue dans vn coffret. plusieurs raretez sur le verre & autres matieres. La poudre de simpathie. Vn jeu de quilles qui auec la boule & la boite ne pese qu'vn grain de bled, & vn jeu d'echecs ne pesant que trois grains. Quatre liqueurs en vne fiole, representans les quatre elemens qui sont distinctement separees. Cinquante portraits à l'huile, excellens, grands, ou petits, desquels il y en à quatre de fort grands douze de Rom:, & les autres de Flandres & Paris, & vn excellent original ancien sur le cuivre, a sçauoir vn petit Ecce Homo. Seize autres petits tableaux de miniature. 20. grands de destrempe. 2. de marbre en bosse & deux sur le velin, couuerts de talc & garnis debene. Il y en à sur la toile, cuivre, & bois & sont tous cornichez, leurs representations sont des histoires nudités, hommes illustres, fruitages, paisages &c.

Vn fromage & vn pain & trois plats de carton verni qui sont tres bien trauaillez. Vn cabinet dessences & autres choses chimiques. Vne poudre faisant changer l'eau cõmune en ancre, Vne poudre qui change l'eau en vin, vne saliere antique de esmaillé de l'ouurage des Penicaux. Les douze Cesars aussi de cuivre esmaillé. Toutes les choses susdites sont rengees en huict ceintures enuironans la chambre, a sçauoir six aux parois qui sont toutes pleines de portraits, vne sur deux rangs de liures en nombre de cinq cens volumes, parmy lesquels il y en a de fort curieux, & vne dans six cens armoires pleins de raretez.

Il y a en outre beaucoup de manuscrits en tous arts & sciences. Des belles Cartes Geographiques, & quantité de pieces de demy relief en plomb, estain, plastre, souffre, bronze, & cire.

On void aussi vne grotte artificielle dans le susdit cabinet remplie de congelatiõs coquillage,&c. qui est grandement recreatiue.

PSEAVME. 92.

Ioye ô Dieu m'ont liurée
Tes ouurages tres-saincts,
Dont és faits de tes mains
Il faut que me recrée.
 O Dieu qu'elle hautesse
Des œuures que tu fais,
Et qu'elle est en tes faits
Ta profonde sagesse.
 A cecy rien connoistre
Ne peut l'homme abruty,
Et le sot abesti
Ne sçait que ce peut estre.

FIN.

Vous salue vierge S.
Mere de dieu prié p
Moy pauure pecheur
Maintenant a l'heure de
Ma mort ainsy soit il
Jesous salue moy Saint ange
Gardien preseruè moy de
tout malheur tant en moy
ame que mon Corps prié
pour moy vostre S.te mere
quy medonne sa S.te benediction
affin que j'employ cette Journee

á Cordura

Cavallier

Cavallier

www.ingramcontent.com/pod-product-compliance
Lightning Source LLC
Chambersburg PA
CBHW060120170426
43198CB00010B/970